CB046116

NO GRAMADO EM QUE A LUTA O AGUARDA

© Micael Zaramella, 2022.
© Autonomia Literária para a presente edição.

AUTONOMIA LITERÁRIA

Coordenação editorial:
Cauê Seignemartin Ameni, Hugo Albuquerque, Manuela Beloni
Revisão e preparação: Lígia Magalhães Marinho
Diagramação: Manuela Beloni
Capa: Rodrigo Côrreia
Foto de capa: Vinicius Willian da Silva

Conselho Editorial: Carlos Sávio Gomes (UFF-RJ), Edemilson Paraná (UFC/UNB), Esther Dweck (UFRJ), Jean Tible (USP), Leda Paulani (USP), Luiz Gonzaga de Mello Belluzzo (Unicamp-Facamp), Michel Lowy (CNRS, França), Pedro Rossi (Unicamp) e Victor Marques (UFABC)

Dados Internacionais de Catalogação na Publicação (CIP)
(eDOC BRASIL, Belo Horizonte/MG)

Z36n

Zaramella, Micael.
  No gramado em que a luta o aguarda: antifascismo e a disputa pela democracia no Palmeiras / Micael Zaramella. – São Paulo, SP: Autonomia Literária, 2022.
  219 p. : 14 x 21 cm

  ISBN 978-65-87233-82-6

  1. Futebol – Aspectos políticos – Sociedade Esportiva Palmeiras. 2. Fascismo. 3. Democracia – Brasil. I. Título.
                                                                    CDD 796.334

Elaborado por Maurício Amormino Júnior – CRB6/2422

Autonomia Literária
Rua Conselheiro Ramalho, 945
CEP: 01325-001 São Paulo - SP
autonomialiteraria.com.br

MICAEL ZARAMELLA

NO GRAMADO EM QUE A LUTA O AGUARDA

ANTIFASCISMO
E A DISPUTA PELA
DEMOCRACIA
NO PALMEIRAS

2022
AUTONOMIA LITERÁRIA

Sumário

PREFÁCIO DE ACÁCIO AUGUSTO
No ardor da partida: o Palmeiras como espaço de lutas 6

INTRODUÇÃO
Futebol, antifascismo
e lutas democráticas 14

PARTE 1: UMA HISTÓRIA POLÍTICA DO PALMEIRAS A CONTRAPELO

1. De Palestra Italia
a Palmeiras 29

2. Um clube brasileiro 59

3. Torcidas organizadas
e culturas de arquibancada 85

PARTE 2: PALMEIRENSES EM LUTA PELA DEMOCRACIA

4. Fascismos de quermesse, antifascismos de arquibancada.... 113

5. Ação política torcedora e os coletivos progressistas palmeirenses 139

6. Arenização, cerco e atuação do coletivo Ocupa Palestra............... 179

CONSIDERAÇÕES FINAIS
Por um Palmeiras de todas e todos 204

APÊNDICE
Entrevistas e relatos................... 210

Prefácio
por Acácio Augusto

No ardor da partida: o Palmeiras como espaço de lutas

Quando surge o alviverde imponente, no gramado em que a luta o aguarda. Os versos que abrem o hino da Sociedade Esportiva Palmeiras dão a dimensão de como torcer para o Palmeiras demanda uma certa disposição para o embate, um preparo para o ardor da partida. Eu costumo dizer que o Palmeiras é um time trágico, no sentido da tragédia grega mesmo. O/A palmeirense sempre chega ao final da partida, ou do campeonato, modificado, diferente de como entrou, tal qual um personagem de uma peça de Eurípides ou de Ésquilo. Esse estado de transformação independe do resultado, as jornadas do Palmeiras são sempre épicas, seja arrancando heroicamente, seja nos rebaixamentos, seja conquistando obsessivamente a América. Digo isso também em contraste aos nossos rivais, pois, nessa mesma interpretação, vejo que um deles tende a certa vocação messiânica e totalizante, o outro é marcado pela poesia de garotos geniais que brotam em seus gramados e o terceiro se caracteriza por uma certa soberba aburguesada, embora esteja meio decadente na última década. Evidentemente, isso é uma interpretação bastante enviesada que faço do chamado trio de ferro paulistano acrescido do alvinegro da baixada, mas não vejam nisso nenhum traço de essencialização da forma torcedora dos clubes paulistas, trata-se apenas de uma forma, usada por mim, para racionalizar as diferentes formas de experimentar a paixão clubística. Deve haver outras. Certamente há.

E é nessa forma e opção pela diferença que está a principal qualidade do livro de Micael Zaramella: a partir da história e da atualidade dos embates no seio da torcida *parmerista*, o livro mostra que razão e paixão, futebol e política, união e dissenso se misturam, se acotovelam e se chocam tal qual as torcidas organizadas nos anos 1990 em Dérbi no Morumbi dividido para mais de 120 mil pessoas, não existe base pura. O futebol, a despeito dos investimentos políticos e econômicos para sua pacificação como espetáculo de consumo, segue, aos menos para alguns, como uma prática de liberdade e, por isso, um campo de resistências.

A vida é uma batalha e o futebol faz parte da vida, logo, a torcida também é um espaço de luta. Zaramella vê nessa diversidade que encontramos na torcida palmeirense um devir democrático, eu discordo, pois nada é mais anárquico e ingovernável que a paixão pelo Palmeiras. Mas aqui não é espaço para polêmica, tampouco para nivelamento democrático das diferenças. Falemos das singularidades, e o livro está repleto delas. Apesar do jargão de nosso vitorioso e aclamado treinador português, **não** *somos todos um*. O Palmeiras (sua história e sua torcida) é um universo de diferenças e, diga-se, bem pouco harmônicas. Há lutas e há disputas. Aliás, seu traço trágico está nisto também: o palmeirense é especialmente dado aos embates, no interior do clube social e na bancada. Brigas de conselheiros da S. E. Palmeiras já animaram e sustentaram a audiência de muita mesa-redonda de futebol, e nossas arquibancadas são preenchidas por uma diversidade muito grande de torcidas organizadas (grandes e pequenas) e, como mostra o livro, hoje acrescidas por uma série muito diversa de coletivos de torcedoras e torcedores que afirmam sua paixão pelo Palmeiras a partir de suas singularidades. A coexistência de diferentes e possíveis embates que decorrem dela nunca é um problema, o que realmente é problemático são os recorrentes investimentos, internos e externos, em tentar pacificá-las, pois é por meio desses investimentos em pacificação que se introduz as violências e os controles securitários. Pacificação pressupõe unificação, antessala do fascismo, e se tem algo intolerável na diversidade palmeirense é fascismo. Com este não se coexiste nem se discute, se combate com *defesa que ninguém passa e linha atacante de raça*.

O futebol, e especificamente suas torcidas, já foram uma experiência de massa, no sentido dado por Elias Canetti: espaço no qual o sujeito anula sua individualidade pela inversão do temor do contato. Esse foi o ponto de partida do escritor búlgaro de origem judaica para compreender a ascensão do nazifascismo na Europa nos anos 1920 e 1930. Hoje, como vemos ao final deste livro, ir ao estádio de futebol em tempos de "arenização" virou uma experiência consumidora-individualizante, espetacularizada e cercada de controles securitários. No caso do nosso campo, que hoje leva o nome de uma companhia de seguros (eu sigo chamando de Parque Antártica ou Palestra Italia), esses controles se estendem aos arredores devido ao chamado cerco que se estabeleceu desde a gestão Paulo Nobre em resposta a uma verdadeira invasão popular dos *sem-ingresso* ocorrida antes, durante e depois – na comemoração – da final da Copa do Brasil de 2015. Além dos pouco mais de 40 mil torcedores que assistiram aos gols de Dudu e ao pênalti de Fernando Prass dentro do estádio, havia talvez mais do que isso do lado de fora. Uma verdadeira *noite quente da cidade* que atiçou o pânico moral de vizinhos e colunistas de jornalões, como o faz, inevitavelmente, uma noite dessa natureza.

Depois disso, quando chegamos ao estádio, por um segundo, nos perguntamos se estamos num território militarmente ocupado: policiais militares fortemente armados por todos os lados, cercas móveis para controle de acesso mediante identificação (ingresso), cavalaria e, no caso do estado de São Paulo, blindados israelenses. Ao entrar, uma parte considerável de torcedoras e torcedores, devidamente fidelizados por programas de consumo sócio-torcedor, buscam se destacar da coletividade, seja pelas selfies em redes sociais digitais, seja buscando serem focalizadas pelo telão do estádio ou da emissora de tv. Isso sem contar toda a tecnologia política de monitoramento para o acossamento das práticas torcedoras que se iniciaram com as investidas da mídia e do Ministério Público contra as torcidas organizadas a partir da segunda metade da década de 1990 até o completo controle instalado pelas reformas motivadas pela Copa da FIFA em 2014.

Ontem e hoje, o potencial anárquico das torcidas de futebol sempre foi alvo de tecnologias políticas de condução de condutas, seja no passado pelas tentativas de condução unificada da massa, seja hoje pelas tecnologias de monitoramento customizadas e pela judicialização policialesca dos estádios e seu entorno. O mais triste nesse processo é que a esmagadora maioria obediente não só aceita como deseja o estádio de futebol como um "espaço seguro", sem considerar que sempre haverá algo que escapa, que não há vida e alegria sem risco. No entanto, no caso do Palmeiras, isso não se deu e não se dá sem resistências, como mostra Zaramella no capítulo três deste livro.

Não há resistência sem memória e sem história. E aqui voltamos à primeira parte desta obra, derivada da pesquisa de mestrado de Zaramella, realizada no programa de pós-graduação em História da Universidade de São Paulo. Como escreve o autor, se trata de "uma *história a contrapelo*, que nos indique as variações e lampejos – no âmbito de uma história política palmeirense – que escapam aos exercícios de uniformização das narrativas oficiais". As pessoas que acompanham futebol sabem que é comum, especialmente entre os rivais, tentar associar o Palmeiras ao fascismo, devido sua origem entre imigrantes italianos. Nada mais equivocado, e o livro de Zaramella vem enterrar isso de vez. Quem faz isso só pode estar movido por uma destas duas motivações: desconhecimento ou desonestidade. Aliás, quem segue fazendo essa associação entre Palmeiras e fascismo age como a música do grupo de axé, famoso nos anos 1990, É o Tchan, que mistura Brasil, Egito, Alibabá e dança do ventre, ou seja, totalmente nonsense. Chamemos essas pessoas, então, de "Bonde do Tchan".

Zaramella, *transformando a lealdade* intelectual *em padrão*, não nega que houve nas fileiras palmeirenses membros, inclusive de sua diretoria, que simpatizavam com o fascismo da Itália de

Mussolini. Mas, a partir de farta pesquisa documental, registra os inúmeros episódios de resistências, que ele qualifica como "disputa pela democracia", e como essa simpatia pelo fascismo nunca foi a posição oficial do clube, ou melhor, a posição de nossa Sociedade Esportiva. Como pesquisador, o autor deste livro *não foge do campo, ainda que esteja perdendo por 3 x 1 nesse debate*. E assim o faz por todo o volume, dos começos entre os trabalhadores brasileiros e imigrantes (não só italianos), passando pelos Bailes Black da Chic Show nos anos 1970 e 1980 até hoje, com a formação de diversos coletivos que ampliam o espaço de liberdade na bancada para a diversidade das singularidades palmeirense, pois na luta contra o fascismo, não basta ser antifa (posição tão banalizada a ponto de ser reivindicada por policiais, esses profissionais da morte na democracia), nem tampouco se dizer democrata, é preciso, como dizia Albert Camus, também amante do futebol, se revoltar para que todas e todos existam.

Zaramella faz isso ao adotar um método de investigação histórica – muito inspirado em Walter Benjamin e com ligeira atenção a desvios, emergências e baixos começos da genealogia de Michel Foucault – que recusa a uniformização, a unificação, a história linear e progressiva que busca relações causais e essências totalizadoras. Por meio dessa opção metodológica, apresenta ao longo do livro momentos *menores* e potentes da história da nossa Sociedade Esportiva que desfazem mitos, rompem pactos e apresentam novas perspectivas que podem desagradar até mesmo muitos palmeirenses, o que faz do livro um estudo de interesses não só para alviverdes, mas também para *outrxs torcedorxs* e/ou *pesquisadorxs* da história social em torno do futebol ou das coletividades humanas de maneira mais geral. O que faz dele um bom resultado de pesquisa, já que a pesquisa rigorosa é feita para abalar certezas e, por que não, para desagradar. Trata-se de um livro de leitura incontornável para palmeirenses e de leitura altamente recomendável para amantes do esporte bretão e da história em geral.

Por fim, uma última nota propiciada por essa atenção de Zaramella aos detalhes que fizeram emergir episódios esquecidos da história. Para reconstituir o momento de fundação do que hoje chamamos de S. E. Palmeiras, o autor se debruçou na vasta produção do anarquista nascido em Portugal e radicado no Brasil Edgar Rodrigues, que possui uma obra tão vasta que pode ser denominado como principal arquivista da história dos operários anarquistas no Brasil, com dezenas de livros publicados. Pois cruzando as informações do livro *Socialismo e sindicalismo* no Brasil, de Rodrigues com a história de fundação do Palestra Italia, Zaramella descobriu que Ezequiel Simoni, que conduziu a reunião de fundação do Palestra, era um dos organizadores das atividades do Grupo Libertário Germinal e da Federação Operária de Santos, ou seja, paradoxalmente o primeiro presidente do Palmeiras era um anarquista. Dizia-se que Simoni não entendia "patavina de futebol", mas possuía vasta experiência associativa, pois além dos grupos citados, integrou atividades teatrais de anarquistas, segundo relato encontrado no jornal *La Battaglia*, principal periódico anarcocomunista nos tempos da Greve Geral de 1917, que era dirigido por Oreste Ristori. Assim, se me permitem uma nota pessoal, poderei contar para meu pequeno leitãozinho palestrino, Tomás, que nosso time de coração foi fundado por um anarquista. Nada mais importa nesse momento. E, para ampliar um pouco essa nota pessoal, trata-se de uma informação que fará os que insistem em associar o Palmeiras ao fascismo, o que chamei aqui de Bonde do Tchan, dançarem na boquinha da garrafa.

Saudando a chegada deste excelente estudo, num momento tão vitorioso do Palmeiras, cabe a mim lembrar, como filho da fila que passou toda a infância torcendo para um time que jamais havia visto campeão, que o Palmeiras é feito do *ardor da partida*, como mostra a história aqui relatada, e isso é sempre o mais importante. Como diz o mais recente canto de nossa torcida, *vamos pra cima, porco, lutem sem parar*, para que a nossa torcida seja não apenas de todas e de todos, nem somente democrática, mas que não haja jamais nenhum fascista em nossa bancada e que sejamos como o lema da nossa maior torcida organizada, *"nem melhor, nem pior. Apenas diferente"*. O palmeirense *sabe bem o que vem pela frente, a dureza do prélio não tarda*. Saúde & anarquia!

∞

Acácio Augusto é professor de Relações Internacionais da Unifesp, coordenador do LasinTec/Unifesp, pesquisador no Nu-SoL/Puc-sp e palmeirense sem vergonha de ser clubista.

INTRODUÇÃO

Futebol, antifascismo e lutas democráticas

Este é um livro sobre futebol e política. Nascido da inquietação própria de um momento em que o enredamento entre esses dois domínios se expressa com intensidade, parte significativa de sua escrita foi realizada durante a primeira metade do ano de 2022, tempo em que os triunfos esportivos da equipe palmeirense têm animado torcedores e torcedoras alviverdes de maneira especial, ao mesmo tempo que a defesa de valores democráticos e a luta contra expressões neofascistas se fazem presentes com singular urgência.

Há tempos, um conhecido chavão busca negar insistentemente as possibilidades dos cruzamentos entre política e futebol, concebendo que, por remeterem ao campo das opiniões e preferências demasiado pessoais, sua combinação produziria tensões excessivamente acaloradas. Pensados como terrenos movediços, o ideal seria deixá-los isolados em relativo sossego: que a irracionalidade atribuída à paixão torcedora não invada o campo da política e que o dissenso, supostamente próprio a este último, não contamine a pretensa unidade estabelecida entre pessoas diferentes que torcem para um mesmo clube.

Ao serem evocadas para justificar a separação entre esses domínios, entretanto, tais visões se alimentam de representações simplistas e estáticas, tanto sobre política quanto sobre futebol. A negação do enredamento entre ambos inevitavelmente acaba por tropeçar na própria contradição, ao passo que o futebol é um destacado aspecto componente de nossa sociedade, torna-se incoerente dissociá-lo da esfera sociopolítica: os exemplos desse cruzamento (em variadas escalas) se reproduzem ao longo da história do esporte, e o próprio juízo que procura negá-lo, em grande medida, é dotado de historicidade ao revelar-se como desdobramento direto de uma concepção autoritária, que vê o político como área isolada e restrita aos eventos da política institucional[1].

No caso brasileiro, podemos nos referir a uma convicção herdada principalmente da ditadura civil-militar ocorrida entre 1964 e 1985. Naquele contexto, a tentativa fervorosa de bloquear as interações dos distintos campos da cultura com a discussão de questões políticas se deu a partir de todo um aparato de censura, repressão e vigilância[2], bem como de elaborações discursivas que naturalizassem a separação entre tais esferas, estrategicamente adotadas e aplicadas pela "utopia autoritária"[3] do regime militar. De tal modo, se a insistência de que "futebol e política não se misturam" perdura como um exemplar perverso de mentalidades herdadas daquele período autoritário, a compreensão histórica de sua produção, enquanto discurso, nos convoca igualmente a fortalecer os laços e enredamentos entre tais domínios.

No campo futebolístico, particularmente, a década de 2010 foi o ambiente da ascensão de uma notável politização torcedora or-

---

[1] Aproximando-nos de autores como Claude Lefort e Pierre Rosanvallon, pensamos a história do político para além de uma cronologia do Estado, das instituições de poder e das lutas e revoluções por sua conquista, manutenção ou transformação. Concebemos, em contrapartida, que "o político e o social são indissolúveis, este derivando daquele seu significado, sua forma e sua realidade". Ver: Pierre Rosanvallon. *Por uma história do político*. Trad. Christian Edward Cyrill Lynch. São Paulo: Alameda, 2010, p. 41.

[2] Marcos Napolitano. *1964: história do regime militar brasileiro*. São Paulo: Contexto, 2020, p. 100–101.

[3] Carlos Fico. A pluralidade das censuras e das propagandas da ditadura. In: Carlos Fico [et al]. *1964–2004: 40 anos do golpe. Ditadura militar e resistência no Brasil*. Rio de Janeiro: 7Letras, 2004, p. 78.

ganizada na formação de coletivos[4] que, pautando questões até então reservadas a movimentos sociais, partidos e organizações políticas, reconfiguraram o debate a ponto de desmontar significativamente, com o passar dos anos, a suposta naturalização definida pela afirmação contundente de que futebol e política não deveriam se misturar. Cada vez mais, torcedores e torcedoras se expressam como agentes políticos e se empenham em misturar, sem receios, elementos de cada uma dessas esferas.

Ao mesmo tempo, a expansão do campo de estudos sobre futebol em circuitos acadêmicos, desde meados da década de 1980, também contribuiu para reconfigurar a abordagem dessa questão, confirmando e validando o esporte como objeto de estudo para as Ciências Humanas através do desenvolvimento de pesquisas que reconhecem seu crucial enredamento com os aspectos políticos, sociais, econômicos e culturais de nosso tempo. A ampliação desse campo de estudos tem oferecido contribuições valiosas para pensar os papéis e as ações daqueles/as que, conjuntamente, constroem o universo futebolístico: os/as profissionais envolvidos/as (atletas, treinadores/as, equipes técnicas), os/as participantes da vida clubística (sócios/as, dirigentes, funcionários/as) e, sem sombra de dúvidas, os torcedores e torcedoras, cada vez mais compreendidos como componentes ativos da contínua produção do campo esportivo[5].

---

[4] Ver o levantamento realizado pelo sociólogo Vitor Gomes em sua dissertação de mestrado, especialmente no capítulo intitulado "A militância político-torcedora no Brasil". Ver: Vitor Gomes. *A militância político-torcedora no campo futebolístico brasileiro*. Dissertação de Mestrado, Faculdade de Ciências Sociais (FCS), Universidade Federal de Goiás, Goiânia, 2020, p. 71–99.

[5] Ver balanço realizado pelos pesquisadores Sérgio Giglio e Enrico Spaggiari a respeito da produção acadêmica sobre futebol no Brasil em Sérgio Settani Giglio; Enrico Spaggiari. A produção das ciências humanas sobre o futebol no Brasil: um panorama (1990–2009). *Revista de História*. São Paulo, n. 163, jul./dez. 2010, p. 293–350.

Em sentido comum à expansão das discussões acerca dos enredamentos entre futebol e lutas políticas, o objetivo deste livro é ambientar a expressão destas últimas entre a coletividade torcedora palmeirense, em uma perspectiva histórica e em relação ao momento presente e suas urgências. Particularmente aquecidas a partir de 2018, as disputas estabelecidas no seio da torcida palmeirense a respeito de sua associação com a figura de Jair Bolsonaro passaram a capitanear o curso de muitas dessas discussões, bem como das ações práticas realizadas por torcedores e torcedoras. Isso ocorreu especialmente quando, ao longo de sua campanha à presidência, o candidato Bolsonaro afirmou predileção pelo Palmeiras, recebeu apoio explícito do atleta Felipe Melo e, no último jogo do campeonato brasileiro daquele ano (2018), conquistado pelo clube alviverde, protagonizou a premiação, levantando a taça junto aos atletas da equipe em um evento controverso, e a origem do convite que levou à sua participação até hoje permanece incerta.

Desde então, as vinculações estabelecidas entre Bolsonaro e o Palmeiras no imaginário político brasileiro deflagraram a intensificação de uma série de mobilizações: coletivos políticos já existentes, formados por torcedores/as palmeirenses, se empenharam em contrapor à narrativa de aproximação construída por Bolsonaro uma resistente identidade de rechaço ao presidente eleito e às posturas neofascistas e antidemocráticas sustentadas em suas falas e ações. Simultaneamente, a disputa estabelecida por tais coletivos, cuja militância não surgiu em resposta à ascensão de Bolsonaro, mas se inseriu com força no mosaico de lutas que se consolidaram a partir de sua escalada ao poder, também se propunha a desmontar certo discurso, difundido no senso comum, de que a trajetória histórica palmeirense teria vínculos com orientações políticas mais conservadoras e alinhadas ao campo da direita[6].

---

[6] Um exemplar ilustrativo dessa disputa é o texto intitulado "O Palmeiras não foi criado pelo racismo", produzido no calor de debates entre torcedores/as de clubes distintos, publicado virtualmente e

Tal perspectiva, entendida como uma falácia por esses coletivos de torcedores, apresenta-se fundada em uma essencialização das identidades clubísticas, como se existissem genes políticos constitutivos desde uma origem imaginada. Na abordagem teórica que adotamos nesta obra, nos aproximamos das contribuições de autores como Eric Hobsbawm e Benedict Anderson, que, ao propor conceitos como os de "tradição inventada"[7] e "comunidades imaginadas",[8] respectivamente, sustentam uma desconfiança inquieta a respeito de tais essencializações, discursivamente construídas e reproduzidas à exaustão até se colocarem como "naturais". De tal modo, nossa entrada no problema temático desta pesquisa se afasta da elaboração de uma narrativa essencialista, estabelecendo-se, antes, como um exercício investigativo sobre os *atravessamentos* das experiências palmeirenses (clubísticas, esportivas e torcedoras) pela atuação política em defesa de valores democráticos: utilizando-nos de termos propostos pelo filósofo Michel Foucault, nos interessamos pela *emergência* ou "entrada em cena das forças"[9] que perpassam a construção de vivências democráticas na história do Palmeiras, atentando às irregularidades, tensões e contradições que permeiam sua ambientação.

Simultaneamente, também convém situar que o presente trabalho deriva de um conjunto de inquietações propositivas nascidas de minha própria circulação em ambientes torcedores politi-

---

difundido em círculos torcedores no ano de 2019. Ver: Ivan Rodrigues. O Palmeiras não foi criado pelo racismo! *Medium*, 9 abr. 2019. Disponível em: ivanrodrigves.medium.com/o-palmeiras-n%C3%A30-foi-criado-pelo-racismo-c3ece203a1c5 (acesso em 22 jun. 2022).

[7] Eric Hobsbawm; Terence Ranger (Orgs.). *A invenção das tradições*. Trad. Celina Cardim Cavalcante. Rio de Janeiro: Paz e Terra, 1984.

[8] Benedict Anderson. *Comunidades imaginadas*: reflexões sobre a origem e a difusão do nacionalismo. Trad. Denise Bottman. São Paulo: Companhia das Letras, 2008.

[9] Michel Foucault. *Microfísica do poder*. Org. e trad. Roberto Machado. 2ª edição. Rio de Janeiro: Paz e Terra, 2015, p. 67–68.

zados ao longo dos últimos anos, assim como minha pesquisa de mestrado[10]. Portanto, como este livro também deriva dos afetos produzidos em minha relação com o Palmeiras – tanto no âmbito torcedor quanto pela proximidade com os coletivos políticos –, sua intenção não é se estabelecer como uma pesquisa total que encerre o tema, mas como um exercício genealógico que atualize, nas palavras do historiador Pierre Rosanvallon, "ressonâncias entre nossa experiência do político e a dos homens e mulheres que nos precederam"[11], alimentando a proliferação das discussões que o atravessam.

Se em minha pesquisa anterior procurei me debruçar sobre as disputas estabelecidas em torno da questão do fascismo (e do antifascismo) na coletividade italiana instalada em São Paulo e no clube Palestra Italia, as inquietações que mobilizam a elaboração do presente livro se expandem procurando abarcar outro conceito político: democracia. Partindo da convicção de que os significados, os sentidos e as práticas derivadas do uso desses conceitos são amplamente diversificadas, nosso objetivo não é encerrar uma conotação exclusiva para o uso de tais termos, mas pensá-lo de forma aberta justamente a partir da atuação, no presente, dos coletivos políticos existentes na torcida do Palmeiras.

Portanto convém assinalar que, ao nos referirmos a posturas militantes antifascistas, nos reportamos a uma tradição política de abrangência global[12], que assume características específicas no contexto brasileiro e no cenário futebolístico. Isso será discutido, no decorrer do livro, a partir da atuação de coletivos que se apre-

---

[10] Micael L. Zaramella Guimarães. *O Palestra Italia em disputa*: fascismo, antifascismo e futebol em São Paulo (1923–1945). Dissertação de Mestrado, São Paulo, Faculdade de Filosofia, Letras e Ciências Humanas, Universidade de São Paulo, 2021.
[11] Rosanvallon, *op. cit.*, p. 77.
[12] Mark Bray. *Antifa*: o manual antifascista. Trad. Guilherme Ziggy. São Paulo: Autonomia Literária, 2019, p. 28.

sentam especificamente como "antifascistas", construindo ações que mobilizam o vocabulário próprio dessa tradição política, articulam-se às redes construídas por seus militantes e organizam-se de acordo com pautas de relevância no debate antifascista contemporâneo. Entretanto, ao abarcarmos tanto as expressões históricas quanto contemporâneas do antifascismo, nos deparamos com outros agentes e manuseios políticos do termo: a evocação do termo "fascismo" no cenário atual para designar formas de atuação política vinculadas à extrema-direita, ao autoritarismo e a expressões de intolerância e discriminação, por exemplo, agrega novos elementos aos horizontes do antifascismo, também empunhado por grupos políticos que defendem valores democráticos sem necessariamente atrelarem-se de forma ortodoxa a essa tradição política.

Ao evocar a noção de "democracia", não nos furtamos à percepção de que necessariamente também nos reportamos a uma tradição e a uma linhagem já amplamente conhecidas e discutidas. Nos termos da cientista política Chantal Mouffe, "etimologicamente falando, 'democracia' vem do grego *demos/kratos*, que significa 'o poder do povo'"[13]. A esse referente originário, relevante, porém insuficiente, acrescentam-se ainda as camadas de significado produzidas sob os modelos democráticos ocidentais, tais como a democracia representativa, constitucional, liberal e pluralista[14]. Para além dos manuseios políticos do termo, entretanto, concebemos neste trabalho que "a palavra democracia não designa propriamente nem uma forma de sociedade nem uma forma de governo"[15], mas, em última instância, o "ingovernável sobre o qual todo governo deve, em última análise, descobrir-se fundamentado"[16],

---

[13] Chantal Mouffe. *Por um populismo de esquerda*. Trad. Daniel de Mendonça. São Paulo: Autonomia Literária, 2019, p. 35.
[14] *Idem*, p. 37.
[15] Jacques Rancière. *O ódio à democracia*. Trad. Mariana Echalar. São Paulo: Boitempo, 2014, p. 68.
[16] *Idem*, p. 66.

conforme proposto pelo filósofo Jacques Rancière. De tal forma, carrega a possibilidade de um contínuo vir a ser a partir do próprio exercício das lutas democráticas: transposição de limites que politicamente se estabelece como um "perpétuo pôr em jogo" de princípios pretensamente unos[17].

Tal concepção nos interessa especialmente à medida que sugere a democracia como processo, e consequentemente, como experiência que produz fissuras, desvios e possibilidades. Por um lado, no presente livro, nos dedicamos a pensar esse atravessamento da experiência clubística (esportiva e torcedora) por devires democráticos, tanto em perspectiva histórica quanto no contorno das lutas do presente, sem deixar de propor interlocuções entre os processos e agentes políticos situados em distintas temporalidades. Por outro, com o olhar especialmente atento às mobilizações torcedoras da atualidade, nos debruçamos sobre sua atuação em relação àquilo que Mouffe propõe como aprofundamento e ampliação das potências radicais da democracia, através da articulação comum da "multiplicidade das lutas contra diferentes formas de dominação"[18].

Para a autora, apenas ao se articularem em uma luta comum, as diferentes pautas "adquirem uma dimensão democrática radical"[19], de modo que "democracia" se apresenta, assim, como "o significante hegemônico em torno do qual as diversas lutas são articuladas"[20]. Isso as afastaria, no fim das contas, da pecha de "lutas identitárias", visto que se produzem na própria articulação plural em torno de valores democráticos: não atuam isoladas em campos próprios, mas mobilizam a própria pluralidade em uma luta comum e radical. É em sentido similar que interpretamos a atuação conjunta dos diversos coletivos atualmente existentes na torcida

---

[17] *Idem*, p. 81.
[18] Mouffe, *op. cit.*, p. 21.
[19] *Idem*, p. 103.
[20] *Idem*, p. 86.

do Palmeiras, visto que aquilo que os distingue e os diferencia entre si – no referente às pautas, tarefas e aos campos de atuação de cada um – é simultaneamente convocado em uma articulação comum, que se materializa na construção e na realização de ações conjuntas, bem como no alinhamento em relação à radicalização da experiência democrática torcedora.

Alimentando-nos de tais inquietações, produzidas no cruzamento entre a mobilização dos conceitos e a investigação crítica das lutas políticas, optamos por também nos debruçarmos sobre a história social e política da Sociedade Esportiva Palmeiras, procurando traçar vinculações e enredamentos com a construção das lutas atuais. De tal modo, na primeira parte do livro propomos uma *história a contrapelo*[21] do Palmeiras, apresentando eventos, processos e interpretações sobre a trajetória do clube que ressaltam o seu atravessamento por debates políticos e devires democráticos, assim como a presença de atores sociais diversos, expandindo a compreensão do clube para além da tradicional reputação de "clube de italianos".

O primeiro capítulo se dedica às décadas iniciais da agremiação, fundada sob a alcunha de Società Sportiva Palestra Italia no ano de 1914, debruçando-se sobre aspectos de sua trajetória até a mudança de nome para Sociedade Esportiva Palmeiras, com especial ênfase no atravessamento do clube pelas questões sociais, raciais e políticas de seu tempo, em sua inserção no contexto futebolístico da época e também na constituição das identidades clubísticas no cruzamento de fatores de classe, etnicidade e na-

---

[21] Em suas teses sobre o conceito de História (1940), o filósofo alemão Walter Benjamin sublinha a importância de perspectivas historiográficas que se atentem às narrativas silenciadas, daqueles personagens a quem denomina "vencidos": as vozes escamoteadas e obscurecidas pelo "cortejo triunfal" da história oficial. Ver: Walter Benjamin. *Magia e técnica, arte e política*: ensaios sobre literatura e história da cultura. Trad. Sérgio Paulo Rouanet. 8ª edição. São Paulo: Brasiliense, 2012, p. 244-245.

cionalidade. A questão do embate entre fascismo e antifascismo, relevante, à época, entre a coletividade italiana instalada em São Paulo, também é abordada no âmbito do Palestra Italia, discutindo-se as presenças antifascistas que disputavam o clube e os imaginários de italianidade aos quais o clube ainda se mantinha profundamente vinculado[22].

No segundo capítulo, a mudança de nome da agremiação para Sociedade Esportiva Palmeiras e a consolidação de novos horizontes de identificação clubística a partir do elemento nacional (brasileiro) nos levam a percorrer a trajetória da agremiação até o final da ditadura militar, vislumbrando os aspectos que reforçaram a proliferação de possibilidades de identificação vinculadas ao clube. Nesse sentido, estabelecemos uma abordagem menos centrada na vitoriosa trajetória esportiva e mais atenta às dimensões sociais, culturais e políticas de certos episódios vividos pela agremiação nas diferentes décadas. A contextualização histórica – tanto em nível político nacional quanto em relação ao ambiente esportivo de cada época – acompanha esse olhar voltado a um Palmeiras cada vez menos atrelado ao aspecto italiano de sua construção identitária, ainda que isso se mantenha como componente de um mosaico progressivamente mais diversificado. Além disso, também se discutem episódios em que o Palmeiras se vinculou diretamente a experiências democráticas, tanto no âmbito interno de sua organização quanto no cenário mais amplo dos debates políticos estabelecidos na sociedade brasileira em diferentes momentos da segunda metade do século xx.

No terceiro capítulo, por fim, nos dedicamos a observar particularmente um dos ambientes que oferecem possibilidades sin-

---

[22] Trabalhei este tema de forma aprofundada em minha dissertação de mestrado, utilizada como referência primária para a elaboração do primeiro capítulo e a apresentação deste livro, obviamente sintetizada, da disputa do clube Palestra Italia realizada pelos antifascistas italianos de São Paulo nas décadas de 1920, 1930 e 1940. Ver: Guimarães, *op. cit.*

gulares de experiência democrática: as arquibancadas. Ainda que as diferentes culturas torcedoras sejam componente presente nas abordagens dos dois capítulos anteriores, no terceiro mergulhamos em seu universo, com particular atenção à ascensão e consolidação das chamadas torcidas organizadas. Observando a trajetória de diferentes experiências de torcida e também seus componentes e horizontes através dos tempos, buscamos levantar algumas questões a respeito de sua participação na construção de uma cultura democrática, abordagem que se expande na segunda parte, especificamente a partir da atuação dos coletivos políticos torcedores.

Através dos lampejos históricos conjurados em nosso exercício, vislumbramos os traços de um Palmeiras diverso na composição social da vida clubística e de suas fileiras torcedoras, estabelecendo a possibilidade de vínculos, paralelos e comparações críticas quanto às pautas e aos atores do presente. Portanto, na segunda parte do livro, nos dedicamos a mostrar a expressão contemporânea desses atravessamentos, apresentando as lutas e os debates do presente a partir, sobretudo, de entrevistas, relatos de experiência e levantamentos documentais. No capítulo 4, nosso foco é a contextualização dos debates em torno da associação do Palmeiras com a figura de Jair Bolsonaro (previamente situados com brevidade nesta introdução) e, em escala mais ampla, com imaginários políticos de conotação conservadora. Nesse sentido, traçamos uma cronologia das aproximações e dos distanciamentos institucionais do clube em relação ao presidente durante seu mandato, ao mesmo tempo que procuramos situar os termos da disputa estabelecida pelos coletivos palmeirenses a respeito dos imaginários de identidade política e torcedora.

No capítulo seguinte, por sua vez, as lutas e as ações políticas em si são apresentadas centralmente a partir da atuação de coletivos como Palmeiras Antifascista, Porcomunas, Palmeiras Livre, Porcoíris, Peppas na Língua, SEP das Minas, VerDonnas e Movimento Palestra Sinistro. Através da construção de um mosaico plural das diferentes agrupações, nos deparamos com preocupações voltadas para diversas pautas componentes do campo democrático, por vezes focalizadas na atuação específica de um ou outro coletivo, por outras enredadas através de ações conjuntas e perspectivas que se alinham. Conhecendo suas práticas, constatamos que, assim como a própria polissemia da palavra "democracia", as lutas democráticas palmeirenses também se revelam múltiplas, e nessa diversidade obtêm elementos que conformam e procuram executar na prática a construção da máxima – que proclamam – de um "Palmeiras de todas e todos".

No capítulo final, por sua vez, a dimensão específica de uma pauta urgente e própria do ambiente torcedor é focalizada: o processo de "arenização" dos estádios brasileiros e o viés de elitização das praças desportivas, discutidos centralmente quanto às demandas das culturas torcedoras. Evidentemente, nos concentramos nos conflitos que se produzem no cenário palmeirense, especialmente a partir de seu enredamento com a prática excludente do cerco que, desde 2016, incide também sobre a territorialidade torcedora historicamente constituída no entorno do estádio[23]. Essas pautas e seus desdobramentos motivaram a criação do coletivo Ocupa Palestra em 2017, cujas atividades – particularmente voltadas ao ambiente institucional da política interna da própria S. E. Palmeiras – compõem mais uma das dimensões que contemplamos no amplo mosaico de lutas democráticas construído desde a torcida palmeirense. Dedicando-se a atuar em uma arena distinta de debate e construção política, o Ocupa Palestra mobiliza questões que terminam por articularem-se às pautas trabalhadas pelos demais coletivos, colaborando para a construção do campo plural de mobilizações e práticas políticas palmeirenses

---

[23] Desde 23 de outubro de 2016, o acesso de transeuntes às ruas do entorno da arena Allianz Parque é controlado por bloqueios em que se exige o porte de ingresso para o jogo.

voltadas, em diferentes esferas, à defesa de valores democráticos e de sua radicalização.

Por fim, cabe assinalar que também concebemos o presente livro como parte componente desses processos em curso, visto que ele não se propõe a realizar um balanço, nem simplesmente se refere a um certo passado a partir de um incontestável distanciamento temporal: escrever sobre o atravessamento das experiências palmeirenses por lutas antifascistas e por devires democráticos é, neste caso, alinhar-se ao esforço comum de torcedoras e torcedores que atuam por sua contínua radicalização. De tal modo, tanto a sua elaboração no calor dos processos em curso quanto o seu lançamento no ano de 2022 não se dão por acaso: iniciamos nosso percurso apresentando que este também é, afinal, um livro nascido de certas urgências. No contexto presente, esperamos que a sua leitura estimule a proliferação de modos de agir, em confluência com o esforço em defesa de valores democráticos que, assim como no trecho do hino palmeirense que intitula este livro, hoje se faz presente no gramado em que a luta o aguarda.

PARTE I
UMA HISTÓRIA POLÍTICA DO PALMEIRAS A CONTRAPELO

1. De Palestra Italia a Palmeiras

Quais são as relações historicamente construídas entre a Sociedade Esportiva Palmeiras e a defesa de valores democráticos? Para entrevermos essas conexões, nos convém primeiramente refletir criticamente sobre as formas de se contar a história da agremiação. Narrativas lineares que abordam a trajetória do clube desde sua fundação até os dias atuais podem ser encontradas com facilidade nos canais de comunicação e produtos oficiais palmeirenses: elas contam uma história centrada na evocação de conquistas esportivas, títulos considerados importantes, partidas e campanhas marcantes, e também em figuras de destaque dentro das quatro linhas, como jogadores e técnicos alçados ao posto de ídolos.

Tais relatos, de grande importância na construção da identidade clubística, compõem aquilo que podemos nomear como a *história oficial* do clube. É um discurso uniforme, reproduzido e difundido pela própria agremiação, que busca escamotear episódios de disputa e dissenso para, de tal modo, apresentar uma história sem conflitos. Mesmo ao incluir eventos que escapam ao âmbito estritamente futebolístico ou esportivo – por sua relevância nos rumos adotados pela agremiação –, essas narrativas os apresentam esvaziados ao máximo de quaisquer indícios de tensão, buscando corroborar um imaginário linear e estável sobre a trajetória palestrina-palmeirense. É o caso, por exemplo, do episódio de mudança do nome de Palestra Italia para Palmeiras, ocorrido no ano de 1942, e amplamente incorporado pelas narrativas oficiais do clube: a abordagem dos acontecimentos que circundam tal episódio comumente os apresenta com tonalidades heroicas e celebratórias, realçando oposições em relação a agentes externos e evitando nomear a existência de disputas políticas internas na própria agremiação.

Olhando com atenção a convocatória que o presente realiza sobre os eventos do passado histórico, o objetivo da primeira parte deste livro é traçar uma *história a contrapelo*[24], que nos indique as variações e lampejos – no âmbito de uma história política palmeirense – que escapam aos exercícios de uniformização das narrativas oficiais: revirar a história do clube, apropriando-nos das reminiscências subterrâneas de uma rica trajetória de politização palmeirense, atravessada pela presença de uma pluralidade de grupos e identidades que, até hoje, segue reivindicando sua pertença na composição do mosaico das identidades torcedoras palmeirenses.

A fundação do Palestra Italia

Podemos iniciar esta história pelo marco de fundação do clube: em 26 de agosto de 1914, um grupo de indivíduos – em sua maioria de origem ou ascendência italiana – reuniu-se no Salão Alhambra, conhecido local de reuniões e festas da época, localizado na Rua Marechal Deodoro,[25] n. 2, para criar conjuntamente uma nova agremiação esportiva e social, então denominada de Società Sportiva Palestra Italia. De acordo com o historiador Alfredo Oscar Salun, eram "elementos da classe média, comerciantes, operários"[26], que se reuniam com o objetivo de formar uma associação desportiva orientada pelo referencial de etnicidade, no caso identificada à nacionalidade italiana.

---

[24] Walter Benjamin. *Magia e técnica, arte e política*: ensaios sobre literatura e história da cultura. Trad. Sérgio Paulo Rouanet. 8ª edição. São Paulo: Brasiliense, 2012, p. 245.

[25] Esta rua deixou de existir para dar origem à Praça da Sé em sua configuração atual.

[26] Alfredo Oscar Salun. *Corinthians e Palestra Itália*: futebol em terras bandeirantes. São Paulo: Editora Todas as Musas, 2015, p. 62.

Agremiações de tal tipo, formadas com objetivos e finalidades diversas, constituíam um notável fenômeno associativo em curso na cidade de São Paulo desde fins do século XIX, composto por uma ampla variedade de sociedades de ajuda mútua, associações de categorias laborais, sindicatos e clubes de bairro formados por imigrantes italianos. Tais iniciativas, inicialmente, orientavam-se pelo objetivo de promover agrupamento comunitário, diante das condições de uma nova vida atravessada pelo desenraizamento, pelo estranhamento[27] e por tensões cotidianas entre os grupos sociais diversos que habitavam a capital: conforme demonstrado por historiadores como Jeffrey Lesser, nas décadas de virada do século XIX para o século XX as experiências de "discriminação social, cultural e racial"[28] em relação aos imigrantes italianos eram recorrentes no cotidiano da capital paulista, levando-os a apartarem-se com frequência dos brasileiros, fechando-se em grupo. A partir de 1904, data em que foi realizado o Primeiro Congresso de Sociedades e Institutos Italianos, intensificou-se a incidência de uma certa noção de *italianidade* na formação das associações, conforme elas passavam a ser entendidas como importantes instrumentos de consolidação da nacionalidade italiana[29].

Isso ocorria, fundamentalmente, por conta do recente processo de unificação italiana (efetivamente consolidada na década de 1870) praticamente coincidir com a massiva emigração de italianos para as Américas, resultando na ausência de uma identifica-

---

[27] Nicolau Sevcenko. *Orfeu extático na metrópole*: São Paulo, sociedade e cultura nos frementes anos 20. São Paulo: Companhia das Letras, 1992, p. 31.
[28] Jeffrey Lesser. *A invenção da brasilidade*: identidade nacional, etnicidade e políticas de imigração. Trad. Patrícia de Queiroz de Carvalho Zimbres. São Paulo: Editora UNESP, 2015, p. 133.
[29] Michael Hall. Entre a etnicidade e a classe em São Paulo. In: Maria Luiza Tucci Carneiro; Federico Croci; Emilio Franzina (Orgs.). *História do trabalho e histórias da imigração*: trabalhadores italianos no Brasil (séculos XIX e XX). São Paulo: Editora da Universidade de São Paulo; FAPESP, 2010, p. 56.

ção nacional consolidada. Conforme apontado pelo historiador João Fábio Bertonha, os imigrantes italianos

> [...] não se viam, muitas vezes, como compatriotas, mas como vênetos, calabreses, lombardos ou sicilianos, com grandes dificuldades de comunicação e um sem-número de preconceitos e barreiras linguísticas e culturais impedindo uma maior união entre eles.[30]

Por essa razão, parte da construção do sentimento nacional de *italianidade* se dava fundamentalmente no ambiente da diáspora italiana, e os imigrantes instalados em diversos países das Américas (como Argentina e Estados Unidos, além do Brasil) se estabeleciam como os sujeitos protagonistas desse processo de elaboração identitária.

Em 1914, a visita das equipes italianas Pro Vercelli e Torino FC à cidade de São Paulo – disputando amistosos contra clubes locais – fomentou o surgimento de diversas agremiações orientadas pelo aspecto étnico italiano.[31] Entre essas diversas iniciativas estava a convocatória realizada pelo jornalista Vincenzo Ragognetti no jornal ítalo-paulistano *Fanfulla*, pela fundação de uma equipe de futebol própria da coletividade italiana na cidade.[32] A partir de

---

[30] João Fábio Bertonha. Trabalhadores imigrantes entre fascismo, antifascismo, nacionalismo e lutas de classe: os operários italianos em São Paulo entre as duas guerras mundiais. In: Maria Luiza Tucci Carneiro; Federico Croci; Emilio Franzina (Orgs.). *História do trabalho e histórias da imigração*: trabalhadores italianos e sindicatos no Brasil (séculos XIX e XX). São Paulo: Editora da Universidade de São Paulo; FAPESP, 2010, p. 73.

[31] Em datas próximas às visitas dos times italianos e à própria fundação do Palestra Italia, consta também noticiado no periódico ítalo-paulistano *Fanfulla* o surgimento de clubes como Italo F. B. C., Italia Foot-ball Club e Roma F. C. Ver: "Gli sports". Fanfulla, 21 ago. 1914; "Gli sports". Fanfulla, 26 ago. 1914; e "Gli sports". Fanfulla, 28 ago. 1914, respectivamente.

[32] Vincenzo Ragognetti. "Per la formazione di una squadra italiana di foot-ball in San Paolo". Fanfulla, 14 ago. 1914.

tal convocatória realizou-se a reunião que culminou na criação do Palestra Italia: da qual participaram 48 pessoas, dentre elas destacaram-se os nomes de Ezequiel Simoni, Luigi Cervo, Vincenzo Ragognetti e Luigi Marzo, integrantes da diretoria constituída na reunião que, nas narrativas oficiais da história do clube, ficaram conhecidos como os seus quatro fundadores.

A composição dessa primeira diretoria já apontava, em si, para a presença de uma diversidade interna à coletividade italiana que viria a reunir-se na agremiação palestrina. Ezequiel Simoni, que conduziu a reunião de fundação e foi escolhido para ocupar inicialmente a presidência do clube, já se notabilizava por seu envolvimento com atividades culturais do operariado anarquista: citado pelo historiador Edgar Rodrigues como importante organizador de atividades de propaganda junto a entidades anarquistas da época, como o Grupo Libertário Germinal e a Federação Operária de Santos[33], Simoni também estava envolvido com atividades teatrais anarquistas, relatadas pelo jornal *La Battaglia* (dirigido por Oreste Ristori)[34], e teria sido escolhido para presidir inicialmente o clube por conta de sua experiência associativa, ainda que, nas palavras de Vincenzo Ragognetti, não entendesse "patavina de futebol"[35].

Luigi Cervo, por sua vez, era um atleta jovem e entusiasmado que atuava pelo S. C. Internacional (clube que disputava os campeonatos oficiais do contexto)[36], mas também circulava entre grupos

---

[33] Edgar Rodrigues. *Socialismo e sindicalismo no Brasil*. Rio de Janeiro: Laemmert, 1969, p. 217.
[34] Maria Thereza Vargas (Coord.). *Teatro operário na cidade de São Paulo*. São Paulo: Secretaria Municipal de Cultura, Departamento de Informação e Documentação Artísticas, Centro de Pesquisa de Arte Brasileira, 1980, p. 93.
[35] Ragognetti apud Nelo Rodolfo. *Palmeiras*: minha vida é você. Rio de Janeiro: Alfa Books, 2015, p. 13.
[36] João Paulo França Streapco. *Cego é aquele que só vê a bola*: o futebol paulistano e a formação de Corinthians, Palmeiras e São Paulo. São Paulo: Editora da Universidade de São Paulo, 2016, p. 170.

de italianos que atuavam nas equipes de várzea e vinham discutindo a importância de um clube que unificasse os atletas da coletividade italiana na cidade[37]. Cervo, que ocupou inicialmente o cargo de secretário e é comumente referenciado nas narrativas oficiais do clube como um dos principais entusiastas e articuladores de sua fundação[38], também era funcionário das Indústrias Reunidas Francesco Matarazzo, onde certamente reuniu outros trabalhadores e os aproximou da iniciativa de fundação do Palestra Italia.

Luigi Marzo e Vincenzo Ragognetti, por fim, eram notáveis exemplares das classes médias italianas da cidade: Marzo inicialmente ocupou o cargo de vice-presidente da agremiação e era, de acordo com a historiadora Márcia Rorato, um "intelectual circunspecto"[39] que circulava pelos ambientes letrados das classes médias ítalo-paulistanas, assim como Ragognetti. Este, por sua vez, era um exemplo típico de ascensão social: nascido em um cortiço na Santa Ifigênia, filho de pais italianos, o empenho familiar lhe permitiu a realização de estudos na Escola Americana (atual Colégio Mackenzie)[40]. Posteriormente iniciou suas atividades como jornalista, tornando-se redator do *Fanfulla* em 1913. Nesse momento já

---

[37] Marco Aurélio Duque Lourenço. *Um rio e dois parques*: a formação da rivalidade entre Corinthians e Palestra Itália durante o período de construção de seus estádios (1917–1933). Dissertação de Mestrado, São Paulo, Faculdade de Filosofia, Letras e Ciências Humanas, Universidade de São Paulo, 2013, p. 65.

[38] Luigi Cervo é apresentado pelo jornalista Nelo Rodolfo como "o principal mentor e fundador do Palestra" em sua obra "Palmeiras: minha vida é você", exemplo de publicação autorizada pela Sociedade Esportiva Palmeiras e divulgada como produto oficial do clube. Abordagem equivalente pode ser encontrada em outros produtos oficiais, em também nos textos do *site* oficial do Palmeiras. Ver: Rodolfo, *op. cit.*, p. 6.

[39] Márcia Rorato. *Il Moscone (1925–1961), 36 anos "ronzando e scherzando" com a colônia italiana em São Paulo.* Tese de Doutorado, Assis, Universidade Estadual Paulista Júlio de Mesquita Filho, 2007, p. 144.

[40] *Idem*, p. 111.

mantinha vínculos com intelectuais como Guilherme de Almeida e Menotti del Picchia[41], aproximando-se nos anos seguintes também do escritor Monteiro Lobato, com quem manteve amizade[42], e do Movimento Modernista de 1922, publicando poesias de sua autoria na *Revista Klaxon*[43].

A notável diversidade de componentes da coletividade italiana presente na reunião de fundação complementava-se, ainda, pela presença de brasileiros sem ascendência ítala. A despeito da centralidade exercida pelo aspecto identitário italiano na formação do clube, convém destacar, por exemplo, a participação de Alfonso de Azevedo e Álvaro F. Silva (este último ocupando o cargo de "primeiro mestre de sala" na composição da primeira diretoria"[44]), nomes que saltam aos olhos por sua diferenciação em meio às alcunhas italianas que compunham a lista de sócios fundadores. Ao mesmo tempo, em relatos das primeiras atividades do clube nos meses seguintes à sua fundação (publicados em coberturas entusiasmadas do jornal *Fanfulla*) a participação de outros nomes brasileiros sem ascendência italiana visível também se fazia presente, tanto em bailes e festas sociais realizadas na sede da agremiação[45]

---

[41] *Idem*, p. 117.

[42] *Idem*, p. 128.

[43] Ver: Vincenzo Ragognetti. "Cercare il proprio dominio". *Klaxon*: mensário de arte moderna, n. 2, 15 jun. 1922, p. 8-9; Vincenzo Ragognetti. "La danza delle giornate grigie cariocas". *Klaxon*: mensário de arte moderna, n .4, 15 ago. 1922, p. 3-5. In: *Klaxon*: mensário de arte moderna – edição fac-similar. Organização: Pedro Puntoni e Samuel Titan Jr. São Paulo: Imprensa Oficial do Estado de São Paulo, Biblioteca Brasiliana Guita e José Mindlin, 2014, p. m.

[44] Alfredo Oscar Salun. *Palestra Itália e Corinthians*: Quinta coluna ou tudo Buona Gente? Tese de Doutorado, São Paulo, Faculdade de Filosofia, Letras e Ciências Humanas, Universidade de São Paulo, 2007, p. 49.

[45] "Palestra Italia". Fanfulla, 13 out. 1914.

quanto nas fileiras de novos associados[46]. Há de se pontuar que, no próprio estatuto redigido na reunião de fundação, o artigo 5 assegurava o direito de pessoas de quaisquer nacionalidades se associarem ao clube[47].

Para além da composição italiana

É certo que, nos anos seguintes à fundação, as fileiras de torcedores palestrinos se expandiram caracterizando-se ainda por uma composição majoritariamente ítala[48]. Isso não impediu, entretanto, que se verificassem presenças distintas na composição da torcida, principalmente à medida que o Palestra se consolidava como um clube cada vez mais popular por suas conquistas esportivas. Nessas primeiras décadas, um caso emblemático era o de Maria das Dores, à época conhecida como "Vovó do Pito", uma mulher negra, ex-escravizada, que se destacava como uma das principais figuras da torcida no começo dos anos 1930. Apresentada em reportagens da época como "a maior palestrina do país"[49], a vovó era considerada uma figura tradicional, quase folclórica da cidade, tendo falecido em 1934, com a idade de 111 anos, e sendo uma "torcedora inflamada"[50] do Palestra Italia até o fim de sua vida.

Em um sentido parecido, a presença de atletas brasileiros sem ascendência italiana também foi aumentando progressivamente ao longo dos anos, especialmente conforme o Palestra Italia se consolidava como força significativa do futebol paulista. Em 1918, por exemplo, apenas três jogadores do Palestra eram italianos; o restante, ainda que, em sua maioria, tivesse ascendência italiana,

---

[46] "Palestra Italia". Fanfulla, 18 set. 1914.
[47] Salun, *op. cit.*, 2007, p. 48.
[48] *Idem*, p. 256.
[49] "Vovó do Pito deixô o Palestra!". Diário do Abax'o Piques, n. 13, 27 jul. 1933, p. 6.
[50] "A morte da 'Vovó do Pito'". Correio Paulistano, n. 24131, 23 nov. 1934, p. 4.

já era nascido no Brasil[51]. No mesmo ano, simpatizantes do clube idealizaram a composição de um hino palestrino em língua portuguesa, interpretado pela cantora Elvira Martins no Teatro Avenida, vestindo uma camisa do clube[52]. Tal iniciativa, idealizada por Leonardo de Souza (figura atuante no circuito teatral da cidade) e J. Pereira Lima, demonstrava a existência de uma disposição crescente do clube em se inserir na sociedade paulistana, sem se isolar ou se restringir à coletividade italiana.

Fotografia da "Vovó do Pito" reproduzida no *Diário do Abax'o Piques*. ("Vovó do Pito deixô o Palestra!". *Diário do Abax'o Piques*, n. 13, 27 jul. 1933, p. 6).

Ao longo da década de 1920, por sua vez, a presença de atletas brasileiros na equipe de futebol do Palestra Italia também seria complementada pela progressiva introdução de atletas negros em outras modalidades esportivas: em 1924, por exemplo, a equipe de atletismo palestrina já contava com a presença de desportistas negros, complementada pela chegada do chamado "Bloco Cyclone", formado por um conjunto de corredores negros e incorporado à equipe no ano seguinte[53]. Em 1934, o jornalista e militante negro Salathiel

---

[51] Streapco, *op. cit.*, p. 177.
[52] Informações disponibilizadas por Fernando Galuppo, historiador da Sociedade Esportiva Palmeiras, em relato concedido em 25 set. 2021.
[53] Salathiel Campos. "O homem negro no esporte bandeirante". *Correio*

Campos publicaria um artigo no jornal *Correio Paulistano* salientando que

> [...] aos elementos negros, e principalmente a Coelho Filho, deve o clube do Parque Antarctica, a maioria de suas glorias no terreno athletico. Vê-se, pois, que embora o seu aspecto colonial, o Palestra não levou a serio, ou tão longe, o preconceito da côr, chamando para as suas fileiras, como atletas, elementos brasileiros e negros, o que não faziam os chamados clubes nacionaes![54]

A figura de Antonio Coelho Filho, citada por Salathiel Campos, foi crucial no processo, encabeçando a equipe palestrina de atletismo. Há de se pontuar que, além de corredor, o atleta também atuara como jogador de futebol na agremiação negra A. A. São Geraldo, sediada na Barra Funda.

Os marcos da introdução de atletas negros no quadro futebolístico do Palestra Italia, por sua vez, são relativamente ambíguos, visto que convencionalmente as narrativas oficiais da S. E. Palmeiras apresentam Og Moreira como o primeiro futebolista negro da agremiação, oficialmente incorporado à equipe em 1942. Diversas evidências apontam, entretanto, para a presença de outros futebolistas negros anteriormente vinculados ao clube: de acordo com Fernando Galuppo, historiador da Sociedade Esportiva Palmeiras, há indícios da atuação de outros nomes ao longo das décadas de 1920 e 1930, como, por exemplo, Tatu (1925), Friedenreich (1929), Petronilho de Brito (1930), Moacir (1938) e Macaco (1940)[55].

Paulistano, n. 24105, 24 out. 1934, p. 7.
[54] *Idem.*
[55] Informações disponibilizadas por Fernando Galuppo, historiador da Sociedade Esportiva Palmeiras, em relato concedido em 25 set. 2021.

Equipe de atletismo do Palestra Italia em 1924, em fotografia reproduzida no jornal *O Malho* ("Pelas associações". *O Malho*, n. 1151, 4 out. 1924, p. 38).

Componentes sociais

Para além das pluralidades étnicas e nacionais na sua composição, particularmente evidenciadas conforme o clube estabelecia uma inserção na sociedade brasileira e transcendia a *italianidade* como baliza identitária, também há de se mencionar a diversidade correspondente à composição social do Palestra Italia. Desde sua fundação, a agremiação notavelmente instituía um contraponto ao caráter elitizado do circuito futebolístico oficial da cidade, cujas ligas e campeonatos eram formados por equipes majoritariamente atreladas aos grupos economicamente dominantes. Na época de fundação do Palestra Italia, eram poucos os clubes de origem popular, tais como o Club Athlético Ypiranga e o Sport Club Corinthians Paulista, que disputavam o campeonato oficial da LPF (Liga Paulista de Football). As demais agremiações formadas entre as classes populares integravam campeonatos em circuitos futebolísticos paralelos aos das ligas oficiais, constituindo o ambiente já então conhecido como "futebol de várzea"[56].

Esse foi o caso do Palestra Italia no início de suas atividades futebolísticas: o acesso da agremiação ao campeonato oficial da APEA (Associação Paulista de Esportes Atléticos) ocorreu apenas a partir de 1916, ocasião em que se esboçou pela primeira vez uma aproximação das elites ítalo-paulistanas junto ao clube. Até então, o Palestra caracterizava-se por um vínculo orgânico com o proletariado e as camadas médias que compunham maciçamente a coletividade italiana instalada na cidade: pois se, naqueles tempos, "quando se falava em operário, falava-se no italiano"[57], conforme assinalado pelo sociólogo José de Souza Martins, a agremiação palestrina dedicava-se, em seus primeiros anos, em manter-se acessível a essa classe. De acordo com o seu primeiro estatuto, por exemplo, a taxa mensal cobrada aos associados era de 1 mil-réis, explicitando o caráter popular do clube em comparação às mensalidades cobradas por outras agremiações do contexto, como os 10 mil-réis do E. C. Paulistano, clube vinculado aos segmentos de elite[58].

Nessas condições, o historiador José Renato de Campos Araújo sinaliza que uma parte significativa da classe trabalhadora ítalo-paulistana rapidamente desenvolveu identificação com o Palestra Italia, constituindo uma comunidade torcedora significativamente massiva, especialmente em comparação com os clubes da elite paulistana. Conforme assinalado pelo autor,

---

[56] Assim nomeado pelo fato de disputarem suas partidas frequentemente em campos estabelecidos nas margens dos diversos rios que banhavam a capital paulista. Ver Diana Mendes Machado da Silva. *Futebol de várzea em São Paulo*: a Associação Atlética Anhanguera (1928–1940). São Paulo: Alameda, 2016, p. 46.
[57] José de Souza Martins. *O cativeiro da terra*. 9ª edição. São Paulo: Contexto, 2010, p. 255.
[58] Streapco, *op. cit.*, p. 214.

[...] o Palestra Itália não representava apenas uma invasão no campo de jogo de imigrantes italianos, em sua maioria originários das classes menos abastadas, mas também uma invasão nas arquibancadas de "torcedores italianos", aficionados que se deslocavam de bairros periféricos e operários como a Moóca, o Brás, a Barra Funda e o Bexiga para acompanhar os feitos de "italianos" como eles contra a elite local. Com ele abriu-se a possibilidade de imigrantes deixarem suas origens e sentimentos étnicos transparecerem perante a sociedade receptora que, no caso da paulistana, sempre os menosprezou[59].

Para além da dimensão anônima de sua marcante massividade, a popularidade do Palestra Italia entre as classes trabalhadoras ítalo-paulistanas da época também se mostra emblematicamente em relatos de memória: é o caso, por exemplo, da escritora Zélia Gattai, filha do anarquista Ernesto Gattai, que descreve em suas memórias a popularidade da agremiação entre seus vizinhos e amigos de bairro na infância[60], além de se apresentar como torcedora do clube[61]. Tal popularidade, expressa na adesão massiva de torcedores às partidas, certamente foi responsável por uma alteração significativa nas conotações do futebol na cidade e nas formas de vivenciá-lo. Até então, o futebol oficial praticado em praças desportivas como o Velódromo Paulista, atreladas diretamente às elites e seus modos de convivência e socialização, caracterizava-se por uma participação contida do público (à época denominada *assistência*). A massificação promovida por clubes de tonalidade popular, como o Palestra Italia, por sua vez, promoveu uma alteração no rito futebolístico, conforme narrados por observadores atentos da época.

---

[59] José Renato de Campos Araujo. O Palestra Itália e sua trajetória: associativismo e etnicidade. *Revista Brasileira de Estudos da População*. Brasília, v. 14, n. 1/2, p. 19–50, 1997, p. 24.
[60] Zélia Gattai. *Anarquistas, graças a Deus*. 29ª edição. Rio de Janeiro: Record, 1998, p. 214.
[61] *Idem*, p. 146.

O memorialista Jorge Americano, por exemplo, assinala certo assombro diante dos bondes lotados que, aos domingos, faziam a linha do Parque Antarctica conduzindo multidões dependuradas nos vagões. A célebre crônica de Alcântara Machado intitulada "Corintians (2) vs. Palestra (1)", por sua vez, referencia a explosiva participação do público nas partidas, com gritos, xingamentos e cantos dirigidos ao time de preferência, ao rival e até mesmo aos árbitros. Tais formas de torcer, que nos remetem com familiaridade aos modos de frequentar um estádio até os nossos dias, eram objeto de contundentes críticas tecidas pelos veículos de imprensa vinculados às elites. O antropólogo Luiz Henrique Toledo identifica tais perspectivas, à época, vinculadas ao "processo de distinção social atribuído ao esporte pelos estratos da elite", condenando a "crescente participação extracampo das camadas populares, precocemente responsabilizadas pelo aumento das transgressões e violências"[62]. Tratava-se, portanto, de um desprezo vinculado ao imaginário elitista sobre o esporte e suas finalidades, que identificava o ato de torcer, conforme praticado pelas camadas populares da sociedade, como uma prática nociva ao próprio futebol.

Particularmente no caso do Palestra Italia, o historiador José Renato de Campos Araújo demonstra que a discriminação de classe efetivamente compunha a construção e a perpetuação de tal imaginário. Comentando a torcida palestrina, o historiador assinala certas particularidades da visão apresentada pela imprensa sobre essa assistência:

> A diferença de tratamento dado ao Palestra pela imprensa esportiva podemos atribuir às origens italianas da associação, que levava uma multidão de imigrantes italianos e seus descendentes aos jogos. Era uma invasão das classes menos abastadas de um local até então dominado pela "alta sociedade", ocasionando um desconforto para

---

[62] Luiz Henrique de Toledo. *Lógicas no futebol*. São Paulo: Hucitec; FAPESP, 2002, p. 223.

as elites, que não estavam acostumadas a partilhar o mesmo espaço físico com as classes trabalhadoras[63].

Além disso, à medida que o Palestra ascendia esportivamente, rivalidades com outras agremiações foram se estabelecendo, às quais incorporavam-se também aspectos de classe. Integrando o campeonato paulista organizado pela APEA desde 1916, o Palestra Italia já no ano seguinte seria o vice-campeão, atrás apenas do elitista C. A. Paulistano, com quem disputou seguidamente a conquista do título até o ano de 1921, obtendo-o pela primeira vez em 1920[64]. Essa competitividade esportiva deu contornos a uma das primeiras rivalidades amplamente reconhecidas do futebol paulista: em 1920, por exemplo, um confronto entre os dois clubes recebeu público aproximado de 80 mil pessoas, que lotaram as tribunas do Parque Antarctica para acompanhar a acirrada disputa[65].

O teor competitivo de tal rivalidade, em âmbito esportivo, logo se viu também atravessado por certo antagonismo de classe. À medida que o Palestra Italia passava a ameaçar a hegemonia do Paulistano, verificava-se a intensificação de uma abordagem notavelmente parcial da imprensa ligada às elites cafeeiras, como o jornal *O Estado de São Paulo*. Conforme esmiuçado pelo historiador José Renato de Campos Araújo, a cobertura desse periódico sobre o Palestra Italia era recheada de relatos desfavoráveis[66], discriminando abertamente a agremiação por sua origem imigrante e encarando-a com profundas ressalvas e desconfiança[67].

---

[63] Araújo, *op. cit.*, p. 31.
[64] Streapco, *op. cit.*, p. 159.
[65] *Idem*, p. 212.
[66] José Renato de Campos Araújo. *Imigração e futebol*: o caso Palestra Itália. Dissertação de Mestrado, Instituto de Filosofia e Ciências Humanas, Universidade Estadual de Campinas, 1996, 1996, p. 50.
[67] *Idem*, p. 108–109.

O conjunto de tais aspectos assinala que, embora o Palestra Italia não se apresentasse institucionalmente como uma entidade de classe, conforme a agremiação conquistava protagonismo no circuito do futebol oficial reforçava-se sua representatividade de grupos sociais tradicionalmente excluídos[68]. Fundado por imigrantes de origem italiana que compunham os segmentos médios e populares da população paulistana e progressivamente abrigando integrantes da classe trabalhadora de forma cada vez mais massiva, o Palestra Italia passava a ser amplamente reconhecido no circuito do futebol oficial como um "clube popular"[69].

Ao mesmo tempo, se por um lado as relações torcedoras nascentes (estabelecidas com clubes populares integrados ao circuito do futebol oficial) visivelmente incomodavam os elementos da elite paulistana mais acostumados a uma relação exclusiva com o esporte, por outro ela também oferecia benefícios sedutores aos interesses capitalistas: com a participação protagonista de clubes originários dos segmentos populares e a crescente massificação do futebol oficial, a ampliação numérica do público e a venda de ingressos para as partidas se esboçavam como oportunidades de conversão do futebol em espetáculo altamente rentável, e eram vistas com interesse e rapidamente exploradas pelos gestores dos clubes[70].

De tal modo, ao longo das décadas de 1920 e 1930, diversas figuras de destaque das elites paulistanas se aproximaram dos clubes de maior apelo popular, passando a integrar sua vida política através do exercício de cargos mandatários. Isso ocorreu, por exemplo, no Sport Club Corinthians Paulista, onde, já entre os anos de 1915 e 1916, verificava-se uma preocupação em se desvincular da imagem

---

[68] Salun, *op. cit.*, 2007, p. 81.
[69] *Idem*, p. 256.
[70] João M. C. Malaia. Torcer, torcedores, torcedoras, torcida (bras.): 1910–1950. In: Bernardo Buarque de Hollanda; João Malaia; Victor Andrade de Melo. Luiz Henrique de Toledo. *A torcida brasileira*. Rio de Janeiro: 7Letras, 2012, p. 56.

de clube do bairro do Bom Retiro para facilitar seu ingresso na Liga Paulista de Futebol[71]. Posteriormente, o clube também se aproximaria do deputado José de Alcântara de Oliveira Machado – favorecendo o arrendamento do primeiro campo do Corinthians, na região da Ponte Grande[72] –, e ao final da década de 1920, a presença dos irmãos Alarico e Wladimir Toledo Piza bem como a do empresário de ascendência alemã Alfredo Schürig seriam fundamentais para a aquisição do terreno do Parque São Jorge, onde o estádio corintiano seria construído com o aporte financeiro dos dois[73].

No caso do Palestra Italia, embora certas aproximações já se verificassem em 1916, possivelmente favorecendo a própria inclusão do clube na liga oficial da APEA[74], foi particularmente em 1920 que os nomes de diversos empresários ítalo-paulistanos apareceram relacionados à diretoria do clube, destacando-se Francesco Matarazzo e seus filhos, e também outros destacados industriais, como Alessandro Siciliano, Egídio Gamba e Rodolfo Crespi. Na ocasião, a participação da família Matarazzo (como fiadores) foi crucial para a obtenção de uma parcela do terreno do Parque Antártica, onde nove anos depois se iniciou a construção do estádio do clube, justamente durante a diretoria de Luigi Eduardo Matarazzo, filho do empresário Francesco Matarazzo[75].

Ainda que o interesse econômico possa ter favorecido a penetração de empresários nesses clubes, outro fator crucial relativo à configuração social paulistana do contexto merece nossa atenção: é notável que tal aproximação tenha se estabelecido de forma contundente na década de 1920, intensificando-se logo após o ciclo de grandes mobilizações operárias na cidade, cujo ápice se deu na Greve Geral de 1917. O sociólogo Boris Fausto demonstra que,

---

[71] Lourenço, *op. cit.*, p. 67.
[72] *Idem*, p. 87.
[73] *Idem*, p. 97.
[74] Streapco, *op. cit.*, p. 169.
[75] *Idem*, p. 173.

após o ciclo de grandes greves, operou-se uma intensa reorganização dos aparatos de controle das elites sobre as classes trabalhadoras, mantendo estratégias de repressão (tais como prisão e deportação de militantes anarquistas imediatamente após a greve de 1917), mas também incorporando estratégias de "assimilação"[76]. Estas últimas, conforme apresentado pela historiadora Maria Auxiliadora Decca, consistiam em práticas mais sutis de disciplinarização do proletariado, voltadas para o tempo livre e os espaços de socialização dessa classe[77]. Nesse sentido, a presença de destacadas figuras das elites na vida política dos clubes de conotação popular se expressava como um desdobramento de seu interesse no manuseio do futebol também enquanto uma esfera de disciplinarização das classes trabalhadoras.

Dentre os nomes que se aproximaram do Palestra Italia, Matarazzo e Crespi destacavam-se como proprietários de parcela considerável das indústrias instaladas na cidade, onde frequentemente ocorriam conflitos com grevistas: o Cotonifício Crespi, por exemplo, foi palco de uma das primeiras paralisações realizadas na Greve Geral de 1917[78]. Além disso, ambos eram frequentemente denunciados como símbolos da exploração de classe entre italianos, especialmente por militantes socialistas e anarquistas que assinalavam o manuseio do sentimento de *italianidade* por esses industriais como uma tentativa de apaziguar os conflitos de classe[79]. Sua penetração na vida social e política da agremiação palestrina, amplamente popular entre o operariado italiano, visivelmente

---

[76] Boris Fausto. *Trabalho urbano e conflito social (1890–1920)*. Rio de Janeiro: Difel, 1977, p. 217.
[77] Maria Auxiliadora Guzzo Decca. *A vida fora das fábricas*: cotidiano operário em São Paulo (1920–1934). Rio de Janeiro: Paz e Terra, 1987, p. 88.
[78] Cristina Hiebling Campos. *O sonhar libertário*: movimento operário nos anos de 1917 a 1921. Campinas: Editora Pontes, 1988 p. 47.
[79] Mario Carelli. *Carcamanos e comendadores*: os italianos de São Paulo da realidade à ficção (1919–1930). São Paulo: Editora Ática, 1985, p. 47

coincidia com o reordenamento das estratégias de disciplinarização implementadas pela classe patronal.

Em contrapartida, há de se pontuar que, à medida que o empresariado ítalo-paulistano se esmerava em expandir seu controle sobre a classe trabalhadora da cidade, buscando conquistar os espaços de sua vida coletiva, a imprensa social da época denunciava com veemência o processo, e grupos militantes buscavam organizar resistências contra o avanço do segmento patronal. No caso do Palestra Italia, o empoderamento de tais figuras na política interna da agremiação também não se deu imune a denúncias e resistências: especialmente a partir da reconfiguração das disputas existentes no seio da coletividade italiana durante as décadas de 1920 e 1930, então protagonizadas por fascistas e antifascistas que esforçavam-se em atrelar a *italianidade* a suas convicções políticas[80], uma série de episódios de enfrentamento envolvendo o clube explicitava a presença das diferentes classes sociais e sua influência nos conflitos.

Fascistas e antifascistas

A partir da década de 1920, a ascensão do regime fascista de Benito Mussolini na Itália reverberou diretamente entre a coletividade de imigrantes italianos assentados em outras partes do mundo. A atenção dedicada pela política externa fascista à cooptação de coletividades italianas na diáspora se desdobrava em investimentos intensos na construção e difusão de um discurso nacionalista, que buscava estabelecer relações de correspondência entre *italianidade* e simpatia pelo fascismo. No caso da cidade de São Paulo, os efeitos da presença de tal discurso foram sentidos particularmente a partir de 1923, data de fundação do Fascio di San Paolo, seção local do Partido Nacional Fascista italiano. Rapidamente, a militância fas-

---

[80] Angelo Trento. *Do outro lado do Atlântico*: um século de imigração italiana no Brasil. Trad. Maria Rosária Fabris e Eduardo Brandão. São Paulo: Nobel; Istituto Italiano di Cultura di San Paolo; Instituto Cultural Ítalo-Brasileiro, 1988, p. 328.

cista organizada na cidade iniciou ações de propaganda intensa do regime de Mussolini e dedicou-se a penetrar as entidades representativas da coletividade italiana, buscando diretamente a conquista de cargos mandatários de forma a convertê-las ao fascismo.

Nesse contexto, as principais instituições ítalo-paulistanas existentes tornaram-se verdadeiros objetos de disputa: ambientes como o Instituto Medio Dante Alighieri e o Circolo Italiano foram palco de acalorados debates e até mesmo enfrentamentos diretos entre fascistas e antifascistas. Entretanto, conforme apontado pelo historiador Angelo Trento, ao final da década de 1920 a maior parte dessas entidades se apresentaria efetivamente conquistada pelo fascismo, submetendo-se a suas diretrizes ideológicas e expressando fidelidade ao regime de Mussolini em âmbito oficial[81].

No caso do Palestra Italia, o ambiente de disputa também se estabeleceu[82], e a despeito de certo afastamento dos grupos antifascistas organizados durante a década de 1930, o clube jamais se declarou efetivamente partidário do fascismo em âmbito institucional ou oficial. O primeiro indício de uma disputa, revelando no clube a existência interna das divergências políticas que dominavam o ambiente ítalo-paulistano da época, se deu no ano de 1925, quando um grupo de associados simpatizantes do fascismo tentou realizar, nas dependências palestrinas, um evento de comemoração do aniversário da Marcha Sobre Roma (episódio que culminara na tomada do poder pelo fascismo na Itália em 1922). O evento foi impedido por antifascistas palestrinos, resultando em

---

[81] *Idem*, p. 331.

[82] Para um detalhamento mais aprofundado desta disputa, sugiro a leitura de minha dissertação de mestrado, na qual procurei apresentar os eventos, os agentes e toda a documentação primária relativa a essa disputa estabelecida no clube entre fascistas e antifascistas. Ver: Micael L. Z. Guimarães. *O Palestra Italia em disputa*: fascismo, antifascismo e futebol em São Paulo (1923–1945). Dissertação de Mestrado, São Paulo, Faculdade de Filosofia, Letras e Ciências Humanas, Universidade de São Paulo, 2021.

uma ampla troca de "socos e pontapés"[83] que foi noticiada pela imprensa ítalo-paulistana da época, e deflagrou um cenário de crise política no clube que levou à destituição da diretoria vigente.

Embora a documentação primária da época não nos revele nominalmente os integrantes desse segmento antifascista que, na condição de sócios do clube, disputavam-no visando impedir sua cooptação pelos órgãos da militância fascista, algumas figuras associadas ao antifascismo italiano que atuavam na vida política do clube podem ser destacadas: o mais notável, sem dúvida, era o conselheiro Dante Isoldi, apontado como um "antifascista nervoso" por jornais de inclinação fascista na época[84], e que reivindicava abertamente o direito à sua posição política antagônica ao regime de Mussolini[85]. Isoldi participou das gestões de Giuseppe Perrone e Francesco De Vivo, como secretário e diretor (respectivamente), e permaneceu ativo como conselheiro até a década de 1940[86]. Para além de sua atuação na vida política palestrina, Isoldi também atuou como professor do Instituto Medio Dante Alighieri, onde foi perseguido por suas posições antifascistas[87], e era membro da maçonaria, à época caracterizada por notável apoio ao antifascismo, em uma atitude de resposta às perseguições realizadas por Mussolini contra os maçons na Itália[88].

Além de Isoldi, outra figura digna de nota presente na vida clubística palestrina era o empresário Egídio Pinotti Gamba, impor-

---

[83] "Stelloncini settimanali". *La Difesa*, n. 47, 22 nov. 1925, p. 3.
[84] "I sette padri coscritti palestrini". *Il Moscone*, n. 46, 1926, p. 18.
[85] Ver, por exemplo, a carta de Isoldi publicada no semanário *Il Moscone* em que o palestrino reivindicava sua italianidade antifascista. "Lettere expresse". *Il Moscone*, n. 420, 1936, p. 15.
[86] Guimarães, *op. cit.*, p. 138.
[87] João Fábio Bertonha. *Sob a sombra de Mussolini*: os italianos de São Paulo e a luta contra o fascismo (1919–1945). São Paulo: Annablume/FAPESP, 1999, p. 153.
[88] João Fábio Bertonha. *O fascismo e os imigrantes no Brasil*. Porto Alegre: EDIPUCRS, 2001, p. 187.

tante industrial italiano instalado em São Paulo que, de acordo com o historiador João Fábio Bertonha, apresentava abertamente sua oposição ao regime de Mussolini e abrigava antifascistas em suas empresas[89], a despeito de toda a pressão dos órgãos consulares vinculados ao fascismo e de seus pares de classe, como os empresários Francesco Matarazzo e Rodolfo Crespi (absolutamente fiéis ao fascismo). A participação de Gamba na vida política palestrina não se caracterizava pela mesma intensidade que a de Isoldi, verificando-se sua participação em um cargo diretivo apenas no ano de 1920[90], o que não anula, entretanto, a possibilidade de sua participação continuada na vida social do clube.

Uma terceira figura de destaque era o intelectual Antonio Piccarolo, uma das principais lideranças socialistas da coletividade italiana instalada em São Paulo[91], e que se notabilizaria igualmente por seu protagonismo na construção do antifascismo ítalo-brasileiro entre as décadas de 1920 e 1940[92]. Diferentemente de Isoldi e Gamba, cujo envolvimento na política interna do clube pode ser verificado, Piccarolo relacionava-se com o Palestra Italia sobretudo na condição de simpatizante, e sua participação direta na vida política palestrina carece de mais detalhamento. Sua proximidade com o clube, entretanto, já se verificava desde 1919, quando o intelectual socialista participara da inauguração do campo da União Artística e Recreativa do Cambucy, localizado na Rua Cesário Ramalho (bairro do Cambuci). Na ocasião, após a partida entre os donos do campo e o convidado Palestra Italia – que resultaria em vitória alviverde por 4 a 1 –, a premiação dos jogadores palestrinos ficou a car-

---

[89] *Idem*, p. 171.
[90] Gamba integrou o conselho administrativo do clube durante a gestão de Alberto Sironi, conforme noticiado pelo semanário *Il Moscone*. Ver: "L'asamblea del Palestra Italia". *Fanfulla*, 12 fev. 1920, p. 6.
[91] Alexandre Hecker. *Um socialismo possível*: a atuação de Antonio Piccarolo em São Paulo. São Paulo: T. A. Queiroz, 1988, p. 10–11.
[92] Bertonha, *op. cit.*, 1999, p. 80.

go de Piccarolo, que realizou um discurso inflamado exaltando a equipe a seguir empenhando-se no "caminho pelo aprimoramento físico e intelectual"[93]. Anos depois, o periódico antifascista *Il Risorgimento*, dirigido por Piccarolo, também seria suporte de críticas eloquentes às tentativas de penetração fascista no clube.

Para além de tais figuras, também há de se mencionar a presença de todo um bloco que o historiador Angelo Trento identifica como "afascista"[94]: italianos que buscavam manter neutralidade perante a difusão do fascismo, não se vinculando diretamente à militância antifascista, mas, tampouco, submetendo-se à filiação ao Fascio. Dentre eles, destacamos a presença, no clube, de Angelo Cristófaro, conselheiro que mantinha uma atuação distanciada dos setores abertamente fascistas, firmando-se como importante articulador do bloco de oposição aos Matarazzo[95] e contrapondo-se permanentemente a qualquer possibilidade de fascistização oficial do clube[96].

Ao longo da década de 1920, menções recorrentes ao Palestra Italia também se verificavam na imprensa antifascista em língua italiana produzida na cidade de São Paulo. Mesmo com uma linha editorial que evitava coberturas esportivas, por considerá-las secundárias em relação às temáticas políticas centralmente ligadas ao antagonismo entre fascismo e antifascismo, os periódicos antifascistas referenciavam o Palestra Italia em artigos e colunas por

---

[93] "I trofei". *Fanfulla*, 10 mar. 1919. Devo esta referência ao pesquisador Fernando Galuppo, a quem estendo um especial agradecimento.

[94] Trento, *op. cit.*, p. 334.

[95] Além de articulador da oposição, Cristófaro expunha abertamente suas posições antagônicas ao grupo político dos Matarazzo na vida clubística. Ver: "O presidente facadista" *Il Moscone*, n. 386, 1935, p. 10.

[96] Tais posições são particularmente expressas com intensidade em carta de Cristófaro publicada no semanário *Il Moscone*, em que o conselheiro se opunha à possibilidade de fusão do Palestra Italia com o órgão desportivo Dopolavoro, possibilidade esta que circulava apenas na forma de boatos entre a coletividade palestrina. Ver: "Lettere expresse". *Il Moscone*, n. 413, 1935, p. 16.

identificar a relevância de sua disputa enquanto entidade representativa da coletividade italiana instalada em São Paulo. Utilizando-se recorrentemente de uma linguagem irônica que manuseava o humor sarcástico como instrumento de crítica[97], textos publicados nos jornais *La Difesa* e *Il Risorgimento* – os dois exemplares mais relevantes da imprensa antifascista ítalo-paulistana da época – criticavam as tentativas de aproximação do cônsul fascista Serafino Mazzolini à agremiação palestrina, ridicularizando sua presença em partidas[98] e desdenhando de suas declarações sobre o clube.

Em um longo artigo publicado em 1931 no jornal de esquerda *Lo Spaghetto* (editado pelo anarquista Alessandro Cerchiai e o antifascista Nino Daniele), por sua vez, identificamos a presença de um forte discurso classista na defesa do Palestra Italia em relação às ações de Luigi Eduardo Matarazzo (filho do industrial Francesco Matarazzo), então presidente do clube. Nos dizeres do jornal, Matarazzo estaria convertendo o clube em seu "feudo", atitude que não poderia ser tolerada pelos palestrinos, nem pela coletividade italiana em geral, a quem o artigo também desejava dirigir-se[99].

Durante a década de 1930, as forças de contenção ao avanço do fascismo entre a coletividade italiana instalada em São Paulo se reorganizaram, estabelecendo alianças com o antifascismo brasileiro[100] e

---

[97] Conforme discutido pelo historiador Mario Carelli, este era um recurso característico da imprensa ítalo-brasileira da época. Ver: Carelli, *op. cit.*, p. 61.

[98] Ver, por exemplo, a nota humorística publicada no jornal *Il Risorgimento* sugerindo que estaria circulando no clube a ideia de impedir a presença de Mazzolini nas partidas disputadas pela equipe palestrina, como forma de garantir um bom desempenho. A presença do cônsul fascista, de acordo com a nota, traria azar à equipe. Ver: "Fronte unico". *Il Risorgimento*, n. 54, 18 jul. 1929, p. 3.

[99] "500 contos distrutti per uno Stadio non costrutto". *Lo Spaghetto*, n. 2, 19 abr. 1931, p. 1.

[100] Ver, por exemplo, a adesão do antifascismo ítalo-brasileiro à construção da FUA (Frente Única Antifascista), junto a militantes de

concentrando-se em entidades próprias[101], mas também atuando indiretamente na vida política de agremiações identificadas com a *italianidade* através de estratégias de articulação que evitavam o enfrentamento direto. No caso do Palestra Italia, um passo importante nesse sentido foi dado ao fim do mandato de Luigi Eduardo Matarazzo na presidência do clube, com a vitória da chapa composta por forças de oposição que elegeram Dante Delmanto como o novo presidente.

Delmanto, que em sua vida pública carregava uma já experiente trajetória vinculada à defesa de valores democráticos, distanciou efetivamente o Palestra Italia de qualquer associação oficial ao fascismo, bem como de seus órgãos e representantes na cidade de São Paulo. Seu mandato foi marcado pelo incentivo à realização de festividades de caráter popular nas dependências do clube, como quermesses e bailes de carnaval[102], assim como a inauguração do Stadium Palestra Italia e a antológica vitória por 8 a 0 sobre o rival Corinthians, ambos os eventos ocorridos em 1933.

No tocante à vida política da coletividade italiana, Delmanto era frequentemente criticado e atacado por figuras associadas ao conservador PRP (Partido Republicano Paulista) , justamente por apresentar uma trajetória considerável de militância junto ao PD (Partido Democrático), destacando-se a realização de falas em comícios e publicação de artigos críticos sobre temas como o im-

---

diversas correntes políticas da esquerda brasileira. A despeito de sua vida curta, em decorrência da repressão estabelecida pelo governo de Getúlio Vargas, a FUA foi responsável, por exemplo, pela dissolução da manifestação integralista que ocorreria em 9 de outubro de 1934 na Praça da Sé, em episódio que ficou conhecido na memória da esquerda brasileira como "Batalha da Praça da Sé" ou também "revoada dos galinhas verdes". Ver: Ricardo Figueiredo de Castro. A Frente Única Antifascista (FUA) e o antifascismo no Brasil (1933–1934). *Topoi*, Rio de Janeiro, v. 3, n. 5, jul–dez. 2002, p. 354–388.

[101] Ver, por exemplo, as orientações propostas por Mario Mariani, em artigo publicado no jornal *La Difesa*, citadas por Trento, *op. cit.*, p. 360.
[102] Guimarães, *op. cit.*, p. 157.

perialismo estadunidense[103], o autoritarismo[104] e o pensamento racialista[105]. Entre os anos de 1927 e 1929, participou da realização de comícios em cidades diversas do interior do estado de São Paulo, compondo as chamadas "caravanas democráticas", e chegou a editar seu próprio jornal na cidade de Botucatu, intitulado *O Democrático*[106]. Simultaneamente, seu vínculo com a maçonaria, ambiente de forte penetração do antifascismo por conta da perseguição estabelecida diretamente por Mussolini, também lhe rendia ataques e críticas de italianos simpáticos ao fascismo.

Em 1933, uma tensão conflituosa envolvendo a gestão Delmanto do Palestra Italia e o jornal de orientação fascista *Il Pasquino Coloniale* explicitavam a localização antagônica de seu mandato em relação aos interesses fascistas atuantes na coletividade italiana em São Paulo. Na ocasião, Delmanto trocou farpas diretamente com Gaetano Cristaldi, diretor do jornal, através de cartas publicadas em outros periódicos influentes entre a coletividade, como o *Fanfulla*, e recebeu longas respostas na forma de violentos dossiês publicados no *Pasquino Coloniale*, nos quais Cristaldi acusava Delmanto diretamente de "antifascista", qualificando tal terminologia como um verdadeiro insulto.

A despeito de tais conflitos e ataques, a gestão de Delmanto seria rememorada, futuramente, como bem-sucedida, especialmente em virtude das conquistas esportivas obtidas, como as três conquistas do Campeonato Paulista, nos anos de 1932, 1933 e 1934. A defesa da noção de *brasilidade* sustentada por Delmanto e efetuada de forma prática durante sua gestão do clube, por sua vez, abriria caminhos para o Palestra distanciar-se de uma condição de isolamento restrita à coletividade italiana, e sem dúvidas se mantinha sintonizada à

---

[103] Dante Delmanto. "O imperialismo norte-americano". *Diário Nacional*, n. 166, 22 jan. 1928, p. 6.
[104] Dante Delmanto. "A terra". *Diário Nacional*, n. 373, 21 set. 1928, p. 4.
[105] Dante Delmanto. "A gente". *Diário Nacional*, n. A00404, 16 out. 1928, p. 4.
[106] "A nova fase do 'O Democrático'". *Diário Nacional*, n. 117, 26 nov. 1927, p. 2.

orientação antifascista de *assimilação*, sugerindo aos italianos instalados no Brasil que se integrassem à sociedade brasileira[107].

Nos mandatos posteriores, ocupados por Raphaele Parisi (1934–1938) e Ítalo Adami (1938–1939), a despeito da simpatia explícita de cada um desses indivíduos pelo fascismo[108], o Palestra Italia permaneceria como uma instituição oficialmente *afascista*. Sobretudo durante a gestão Parisi, ocorreram episódios que poderiam sugerir uma aproximação, como o empréstimo das dependências do estádio para a realização de eventos fascistas. Entretanto, de acordo com o historiador Angelo Trento, tais ações ocorriam muito mais pela manutenção cuidadosa de boas relações com o consulado italiano, profundamente necessárias, do que pela fidelidade ideológica e institucional do clube ao fascismo[109]. Evidências nesse sentido podem ser percebidas, primeiramente, na ausência absoluta de delegações ou representações do clube nesses eventos, diferentemente de inúmeras outras agremiações e entidades ítalo-paulistanas presentes nas festividades fascistas[110]. Ao mesmo tempo, embora existam evidências de presenças fascistas na vida do clube no contexto em foco, assim como em diversas entidades da época (como o próprio Sport Club Corinthians Paulista[111]), na

---

[107] Bertonha, *op. cit.*, 2001, p. 345.
[108] Guimarães, *op. cit.*, p. 163.
[109] Trento, *op. cit.*, p. 332.
[110] Tal ausência pode ser constatada na listagem nominal das entidades, instituições e agremiações participantes do evento, realizada e publicada pelo *Fanfulla*. Ver: "La imponente manifestazione di oggi allo Palestra Italia per la celebrazione della Vittoria e del XV Anuale della Marcia su Roma". *Fanfulla*, 27 out. 1936, p. 4.
[111] Manuseando fichas e prontuários do DEOPS-SP (Departamento Estadual de Ordem Política e Social do Estado de São Paulo), identificamos a filiação de dirigentes do Sport Club Corinthians Paulista, como Raphael Perrone e Giuseppe Tipaldi, a órgãos fascistas instalados no Brasil. Para uma abordagem mais detalhada dessa documentação e seus significados, ver Guimarães, *op. cit.*, p. 127–128.

documentação da época não consta nenhuma referência oficial ou institucional de filiação ao fascismo por parte do clube.

De Palestra Italia a Palmeiras

A partir de 1937, com a ascensão da política nacionalista do Estado Novo de Getúlio Vargas e a promulgação de legislações restritivas à atuação de estrangeiros não naturalizados no Brasil[112], se estabeleceu um amplo debate interno no clube Palestra Italia a respeito de sua reconfiguração identitária. Conforme demonstrado por diversos artigos publicados no semanário *Il Moscone*, editado pelo fundador do Palestra Italia e jornalista Vincenzo Ragognetti, pelo menos desde 1938 já se discutia, por exemplo, a possibilidade de mudança de nome da agremiação. Nesse debate, posições diversas procuravam entender o significado da *italianidade* em seu contexto presente: alguns defendiam a manutenção do antigo nome, argumentando que a referência à Itália deveria permanecer apenas por "tradição", visto que, na ocasião, a agremiação já se configuraria como um clube efetivamente "brasileiro". Ao mesmo tempo, uma série de ações realizadas pelo clube vinha intensificando seus pontos de contato e interação com outros grupos e ambientes da sociedade brasileira, como a realização recorrente de amistosos com finalidades beneficentes[113], e as excursões da equipe por outras regiões do país[114].

É importante salientar que a ocorrência de tais ações não se localizava de forma isolada no contexto, buscando responder simploriamente a qualquer tipo de pressão governamental, visto que mantinha diálogo e continuidade a toda a uma disposição de inte-

---

[112] Mariana Cardoso Ribeiro. *Venha o decreto de expulsão*: a legitimação da ordem autoritária no Governo Vargas (1930–1945). São Paulo: Humanitas/FAPESP, 2012, p. 57
[113] "Serena tarde palestrina no sereníssimo Porto Feliz". *Il Moscone*, n. 514, 1938, p. 9.
[114] "Com o Palestra, no norte". *Il Moscone*, n. 535, 1938, p. 9.

ração com a sociedade brasileira apresentada pelo clube desde sua fundação. Conforme destacamos anteriormente, desde a presença de brasileiros sem ascendência italiana na reunião inaugural do clube e a referência não restritiva à adesão de novos sócios já no primeiro estatuto, um contínuo movimento em direção à *brasilidade* do clube vinha reforçando seu caráter democrático. Isso não significa, obviamente, que o clube tenha mantido uma trajetória sem tensões, conflitos e debates: contrariamente, a presença de antagonismos de classe, embates entre fascistas e antifascistas e as próprias discussões relativas a uma possível mudança de nome configuraram um ambiente plural, constituindo novas possibilidades para o clube a partir dos tensionamentos.

Em 1942, conforme é notoriamente apresentado na história oficial do clube, ocorreu efetivamente a alteração do nome, de Palestra Italia para Palmeiras. Em um contexto agravado pelas condições da Segunda Guerra Mundial, e particularmente pela adesão do Brasil à aliança contra o Eixo (formado por Alemanha, Itália e Japão), a referência à *italianidade* precisou ser efetivamente retirada da alcunha do clube, assim como ocorreu com outras entidades e agremiações vinculadas à coletividade italiana no Brasil. Diferentemente de outras dessas instituições, entretanto, o Palestra procurou manter um diálogo aberto com as orientações governamentais que, simultaneamente, buscavam coerência quanto aos seus movimentos internos: nesses termos, não sofreu intervenção ou fechamento compulsório por parte do governo, ao contrário de outras entidades.

Adotando primeiramente a alcunha provisória de Palestra de São Paulo, em março de 1942, a agremiação alterou efetivamente seu nome para Sociedade Esportiva Palmeiras após decisão tomada de forma unânime em reunião realizada no dia 14 de setembro[115]. A escolha do nome constituiu uma homenagem à Associação Athlética das Palmeiras, agremiação pioneira do futebol em

---

[115] Streapco, *op. cit.*, p. 184.

São Paulo que apoiara a entrada do Palestra Italia no campeonato oficial da APEA em 1916.

Poucos dias depois da reunião, na data de 20 de setembro, o recém-rebatizado Palmeiras enfrentou o São Paulo Futebol Clube na decisão do campeonato paulista daquele ano. Na ocasião, a conhecida imagem dos palmeirenses entrando em campo com a bandeira brasileira configurou um gesto marcante da agremiação para reafirmar seu posicionamento de fidelidade ao Brasil. A vitória obtida em campo após uma acirrada disputa, que terminou com desistência da equipe rival quando o placar já estava em 3 a 1 a favor dos palmeirenses e um pênalti foi marcado a favor da equipe alviverde, conferiu ao Palmeiras o título de campeão paulista de 1942. O episódio ficou registrado na memória do clube como a "Arrancada Heroica", alcunha conferida em virtude das dificuldades, perseguições e tensões que o clube precisou superar para garantir a manutenção de suas atividades associativas e esportivas.

O episódio da Arrancada Heroica consolidou de forma definitiva a expansão da torcida do clube para além da tradicional identificação com a coletividade de imigrantes italianos e seus descendentes, ainda que tal referencial tenha se mantido como um *devir* componente de suas elaborações identitárias. Constituindo-se como um ambiente dialógico – evidentemente atravessado por tensões, dissensos e disputas – o clube encontrou em sua própria trajetória, marcada por uma composição plural, uma rica escapatória a quaisquer capturas essencialistas em torno do aspecto italiano, abrindo-se a outros possíveis componentes. Os desdobramentos desse processo nas décadas seguintes, como veremos adiante, levaram a um movimento pendular em que a *italianidade* permaneceu sendo aspecto de negociação na composição do mosaico de identidades palmeirenses, constituindo novos exercícios dialógicos em que outros imaginários de identidade viriam a enredar-se na elaboração contínua das comunidades torcedoras palmeirenses.

2. Um clube brasileiro

Em 1942, ano da mudança de nome do Palestra Italia para Sociedade Esportiva Palmeiras, os rumos da Segunda Guerra Mundial começavam a se alterar. As vitórias dos Aliados em diversas frentes de batalha impulsionavam sua ofensiva militar, ainda mais intensificada com a deposição da ditadura de Mussolini, no ano seguinte, após a bem-sucedida invasão de suas tropas à Sicília[116]. Com apoio alemão, o líder fascista ainda tentou criar em 1944 a República de Salò, no norte da Itália, mas o avanço da resistência antifascista dos *partigiani*, associada à penetração das forças Aliadas em território italiano, logo suprimiu sua existência. Após uma fracassada tentativa de fuga, Benito Mussolini foi capturado e fuzilado em abril de 1945, e seu corpo foi exposto pendurado junto ao de outras lideranças fascistas em Milão, onde foi mutilado pela multidão[117].

Simultaneamente, o avanço militar dos Aliados também veio a consolidar a derrocada das demais forças do Eixo em outras frentes, impondo derrotas aos alemães e japoneses até sua definitiva rendição no ano de 1945. Imediatamente após o desfecho do conflito, os efeitos de uma rápida reconfiguração geopolítica deflagrada pelo protagonismo das forças militares estadunidenses e soviéticas na guerra originaram um novo cenário de antagonismo global, logo denominado Guerra Fria: estabelecendo-se como referência para outros Estados, cada um dos polos buscava exercer a hegemonia como projeto de expansão de áreas de influência[118], computadas na

---

[116] Robert Paxton. A anatomia do fascismo. São Paulo: Paz e Terra, 2007, p. 276.
[117] *Idem*, p. 278.
[118] W. Ribeiro. Guerra e geopolítica após a Segunda Guerra Mundial. In: Oswaldo Coggiola (Org.). *Segunda Guerra Mundial*: um balanço

tênue manutenção de um equilíbrio bélico de poder. Entretanto, se nas décadas seguintes o significado de termos como "socialismo", "comunismo" e "capitalismo" seria manuseado ideologicamente pela discursividade difundida por cada uma dessas potências em relação a seus blocos de influência, no momento imediato de desfecho da Segunda Guerra tais condições ainda se apresentavam difusas.

Isso porque, em 1945, a União Soviética era forçadamente reconhecida de forma heroica entre as nações do Ocidente, assim como os Estados Unidos, por ter protagonizado a construção da aliança que derrotara os países do Eixo e atuado na linha de frente de combates fundamentais ao triunfo dos Aliados no conflito armado. Seu exército era tido como a poderosa força que fora capaz de destroçar dois terços das tropas alemãs de Hitler, tornando-se objeto de um "sentimento de gratidão"[119] cujos efeitos também se manifestavam no Brasil, onde a retomada das relações diplomáticas com a União Soviética foi anunciada pelo presidente Getúlio Vargas em abril de 1945[120].

À medida que o desfecho do conflito mundial se encaminhava, o governo de Vargas também percebia certa urgência inevitável na descompressão da estrutura autoritária de seu regime, expressa nas demandas cada vez mais explícitas por uma presidência escolhida pelo voto popular, junto a uma nova Constituição[121]. De tal modo, o fim da guerra veio acompanhado, no Brasil, pelo fim do Estado Novo: assim como os ecos do antifascismo italiano foram importantes na dissipação definitiva de quaisquer identificações com o derrotado regime de Mussolini entre a coletividade

---

histórico. São Paulo: Xamã e FFLCH-USP, 1995, p. 457.
[119] Aldo Rebelo. *Palmeiras x Corinthians 1945*: o jogo vermelho. São Paulo: Editora UNESP, 2010, p. 49.
[120] Rodrigo Patto Sá Motta. O perigo é vermelho e vem de fora: o Brasil e a URSS. *Locus*: revista de história, v. 13, n. 2, Juiz de Fora, 2007, p. 236.
[121] Lilia M. Schwarcz; Heloisa M. Starling. *Brasil*: uma biografia. São Paulo: Companhia das Letras, 2015, p. 386.

emigrada e seus descendentes[122], a derrota imposta aos regimes totalitários de Alemanha, Itália e Japão também influenciaram a supressão do próprio regime varguista, visto que o fim da guerra era diretamente "associado à luta pela democracia"[123].

Em meio a tal cenário, Vargas convocou a realização de eleições já para o mesmo ano de 1945, ao mesmo tempo que buscava um caminho para estabelecer a transição democrática e permanecer no poder[124]. Através de um Ato Adicional à Constituição de 1937, abria-se o espaço de um respiro democrático, no qual a população brasileira retomava, de acordo com as historiadoras Heloisa Starling e Lilia Schwarcz, "a liberdade de se associar em torno de um misto de ideias, interesses e valores comuns, para participar do processo eleitoral e propor as próprias leis"[125]. Os partidos políticos se reorganizaram, e muitos saíram da clandestinidade, como o próprio PCB (Partido Comunista), para retomar um lugar de protagonismo nas disputas eleitorais reestabelecidas.

Em meio a tal contexto de euforias, atravessadas por uma significativa polissemia conferida às noções de comunismo – bem como às figuras representativas vinculadas a esta ideologia –, um evento futebolístico marcou a participação palmeirense no fervilhante ambiente de preparação para as eleições. No ano de 1945, o Palmeiras disputou com o rival Corinthians um amistoso no Estádio Municipal do Pacaembu com a finalidade de angariar fundos para o MUT (Movimento Unificador dos Trabalhadores), corrente sindical vinculado ao PCB[126], que atuava na época visando eleger Luís Carlos Prestes e outras lideranças comunistas para cargos legislativos.

---

[122] João Fábio Bertonha. *O fascismo e os imigrantes no Brasil*. Porto Alegre: EDIPUCRS, 2001, p. 266.
[123] Schwarcz, Sterling, *op. cit.*, p. 385.
[124] *Idem*, p. 386.
[125] *Idem*, p. 391.
[126] Glaucia Vieira Ramos Konrad. A redemocratização ao final do Estado Novo: o Movimento Unificado dos Trabalhadores. *Anais do XIV Encontro Estadual de História – ANPUH-RS*. Porto Alegre: ANPUH-RS, 2018, p. 4.

O jogo vermelho

A articulação do evento pelo MUT contou com a adesão dos dois clubes, bem como da própria Federação Paulista de Futebol, à época presidida por Antonio Ezequiel Feliciano da Silva, cujo apoio à realização da partida motivaria uma homenagem do MUT, nomeando um dos troféus que seriam disputados no evento[127]. No referente à participação das agremiações, convidadas pelo MUT por sua expressiva popularidade entre a classe trabalhadora[128], os ofícios enviados pelo movimento logo receberam uma resposta afirmativa: no caso da Sociedade Esportiva Palmeiras, a autorização da participação da equipe no amistoso foi conferida pelo vice-presidente, Leonardo Fernando Lotufo, dirigente de longa trajetória no clube, que participara dos marcantes eventos que envolveram a mudança de nome de Palestra Italia para Palmeiras, presidindo a reunião em que se tomou tal decisão (em 14 de setembro de 1942), e entrando junto do Capitão Adalberto Mendes com a bandeira do Brasil na disputa da final do Campeonato Paulista de 1942, contra o São Paulo[129].

Na programação do evento, além da disputa principal também constava um amistoso preliminar entre os times do Sindicato dos Trabalhadores das Indústrias de Fiação e Tecelagem e do Sindicato dos Trabalhadores da Construção Civil, que à época configuravam as duas equipes mais competitivas do futebol sindical. Esta última, inclusive, contava com a direção esportiva de um palmeirense, José Tabaracci, evidenciando os enredamentos entre a organização sindical e a cultura esportiva no período[130].

No referente à divulgação, por sua vez, os esforços do MUT levaram a uma boa cobertura prévia do evento por diversos órgãos da imprensa esportiva da época: mesmo jornais voltados ao segmento

---

[127] Rebelo, *op. cit.*, p. 81.
[128] *Idem*, p. 76.
[129] *Idem*, p. 70.
[130] *Idem*, p. 82.

de elite, como a *Folha da Noite*[131], apresentavam o caráter beneficente do amistoso voltado à arrecadação de fundos para o movimento sindical[132]. Uma *charge* publicada no jornal no dia do jogo também tematizava a dimensão política do amistoso, apresentando nominalmente o MUT como organizador do evento e referenciando sua orientação política no conteúdo humorístico da ilustração[133]. O jornal *O Esporte*, por sua vez, dedicou uma atenta cobertura em que destacava particularmente o aspecto político da partida, chegando a publicar reportagens com os dirigentes do movimento e entrevistas com operários sobre suas expectativas em relação ao jogo[134].

Ao mesmo tempo, a cobertura de foco esportivo destacava a competitividade da partida, mesmo tratando-se de um amistoso, visto que o Palmeiras vinha de uma derrota para o rival alvinegro em seu último encontro pelo Campeonato Paulista[135]. Na *Folha da Noite*, por exemplo, uma abordagem voltada aos aspectos puramente esportivos da partida destacava a mudança de técnico do Palmeiras, com a convocação do ex-jogador Oswaldo Brandão ao posto (após afastamento de Armando Del Debbio ao fim do campeonato paulista)[136], bem como a ausência dos jogadores Clodô e Villadoniga no último treino preparatório para a partida[137].

Sob tais condições, no dia 13 de outubro de 1945, às 15h30, Palmeiras e Corinthians adentraram o gramado do Estádio Municipal do Pacaembu e disputaram o amistoso organizado pelo MUT diante de uma multidão de torcedores e espectadores. O público,

---

[131] Elaine Muniz Pires. Imprensa, ditadura e democracia: a construção da autoimagem dos jornais do Grupo Folha (1978/2004). *Projeto História*, São Paulo, n. 35, dez. 2007, p. 306.
[132] "Um 'derby' em benefício do M.U.T.". *Folha da Noite*, 13 out. 1945, p. 6.
[133] "A bola do dia". *Folha da Noite*, 13 out. 1945, p. 10.
[134] Rebelo, *op. cit.* p. 83.
[135] "Palmeiras vs. Coríntians o jogo amistoso de hoje no Pacaembu". *Folha da Manhã*, n. 6611, 13 out. 1945, p. 1.
[136] "'Crack' ontem, técnico hoje". *Folha da Noite*, 11 out. 1945, p. 5.
[137] "Ótimo treino realizou o Palmeiras". *Folha da Noite*, 11 out. 1945, p. 5.

em sua maioria composto por trabalhadores/as de diversos setores da indústria, dividia-se em seus palpites e preferências diante de uma partida sem favoritos. O Corinthians saiu na frente, abrindo o placar aos 31 minutos com gol de Servílio, em uma oportunidade aproveitada com frieza pelo atacante alvinegro. No segundo tempo da partida, entretanto, a pressão palmeirense projetada sobre o rival – que procurava se fechar na defesa para garantir o resultado – obteve o empate aos 27 minutos, com gol de Waldemar Fiúme (conhecido à época como o "pai da bola"), e dois minutos depois, um novo tento conquistado em bola que sobrou para o atacante Lima. No minuto seguinte, o terceiro gol alviverde foi carimbado pelo uruguaio "*el architecto*" Villadoniga, promovendo uma fulminante virada para a equipe palmeirense, que obteve a vitória e a taça oferecida pelo MUT[138] em uma partida decretada pelo *Diário Popular* como o melhor Dérbi do ano[139].

Entretanto, a despeito da ampla adesão de público, bem como da competitividade das equipes em campo, a condição de amistoso do jogo acabou por renegá-lo à ampla galeria de partidas esquecidas pela história oficial do clube até o ano de 2010, quando o palmeirense, jornalista e então deputado federal Aldo Rebelo deparou-se praticamente por acaso com a taça conquistada pela equipe palmeirense na disputa, e dedicou-se a pesquisar o acontecimento. O troféu, disposto entre centenas de outras premiações oferecidas ao clube em amistosos, partidas beneficentes e festividades diversas ao longo das décadas de sua história, chamou a atenção de Rebelo pela menção ao MUT[140]. Sua pesquisa resultou em um livro, publicado em 2010, no qual retoma-se a relevância do episódio na narração da história política do Palmeiras.

---

[138] A taça em questão encontra-se atualmente em exibição na Sala de Troféus do Palmeiras.

[139] Rebelo, *op. cit.*, p. 105–110.

[140] Vide relato do próprio Aldo Rebelo na apresentação de sua obra. Ver: Rebelo, *op. cit.*, p. 21–26.

No exercício que aqui nos propomos, dedicado a produzir uma história a *contrapelo* do clube que revele lampejos de seus devires democráticos, o episódio de 1945 – batizado por Aldo Rebelo de *jogo vermelho* – se destaca, primeiramente, pela exposição dos vínculos entre a agremiação e a organização da classe trabalhadora, no contexto de eleições gerais propiciado pelo desfecho do regime de Vargas. Por um lado, configura um episódio marcado pela confirmação do caráter popular palmeirense ao participar de um evento mobilizado por órgãos sindicais: caracterizado desde sua fundação como um clube de progressiva popularidade entre as fileiras das classes trabalhadoras, o Palmeiras de 1945 afirmava essa trajetória ao aderir ao evento organizado pelo MUT. Simultaneamente, o amistoso também configura um episódio marcado pela adesão palmeirense ao contexto de transição pós-Estado Novo, em cujo jogo político, de acordo com o historiador Hilário Franco Jr., o futebol se apresentava como "componente de peso"[141]: tratava-se, efetivamente, de sua participação no aquecido cenário de preparação para a retomada de um regime democrático, caracterizado, à época, pela disputa que se estabelecia entre grupos de oposição que exigiam o afastamento imediato de Getúlio Vargas do governo[142] e o Movimento Queremista, que, sob a máxima de "Queremos Getúlio!", demandava a realização de uma constituinte sob a presidência vigente[143], preservando os direitos e as leis de proteção ao trabalho obtidos ao longo do regime[144].

Nesse momento, é certo que diversas posições políticas conviviam no interior do clube alviverde, sem que sua incidência direta

---

[141] Hilário Franco Jr. A dança dos deuses: futebol, sociedade, cultura. São Paulo: Companhia das Letras, 2007, p. 86.
[142] Schwarcz, Starling, *op. cit.*, p. 390.
[143] O movimento contava à época, com a adesão de diversas correntes atentas aos direitos dos trabalhadores, incluindo o próprio PCB. Ver: Rebelo, *op. cit.*, p. 38.
[144] Schwarcz, Starling, *op. cit.*

exercesse influência nos rumos tomados pela agremiação, o que não impedia sua existência e eventual articulação, conforme já visto nas décadas anteriores. A partir daquele momento particular da década de 1940, entretanto, a reconfiguração dos debates que orientavam eventuais posicionamentos políticos palmeirenses se desvinculava com clareza dos temas internos à coletividade italiana, e a questão do embate entre fascismo e antifascismo parecia, notavelmente, ter ficado para trás. Conforme mencionamos no capítulo anterior, as conotações de *brasilidade* que já vinham constituindo a inserção da agremiação palestrina na sociedade brasileira, evidenciadas por sua abertura desde a fundação e pelos diversos enredamentos estabelecidos com questões, pautas e grupos do cenário social, cultural e político nacional, confirmaram-se como caracteres na composição identitária do clube ao decidirem-se pela mudança de nome em 1942. Os rumos tomados daí para frente, como veremos, mantiveram uma sintonia reforçada entre a atuação do clube e os acontecimentos nacionais, o que já se vislumbrava em 1945 com sua participação no contexto eleitoral e político da reabertura democrática, através da participação no amistoso promovido pelo MUT.

Conotações de brasilidade

Seis anos depois, as conotações de *brasilidade* conferidas ao Palmeiras seriam reforçadas pela conquista da Copa Rio de 1951, sobretudo na discursividade da imprensa e da opinião pública, mas também na composição imaginária de brasileiros não palmeirenses. O torneio, organizado pela CBD (Confederação Brasileira de Desportos), foi uma iniciativa que visava resgatar os ânimos futebolísticos no país após a derrota para o Uruguai na final da Copa de 1950[145], e esportivamente tinha o objetivo de instituir uma disputa de alto nível competitivo[146]. Os participantes, a princípio, seriam exclusivamen-

---

[145] Franco Jr., *op. cit.*, p. 92.
[146] A relevância de tais objetivos na organização da disputa era apresentada, à época, não apenas pela cobertura de repórteres brasileiros,

te agremiações gabaritadas com títulos de relevância em suas respectivas federações[147], estabelecendo-se um "Torneio Mundial dos Campeões", como era denominado à época[148]. Após alguns ajustes, definiram-se os participantes da competição, entre os quais constavam Palmeiras e Vasco, agremiações brasileiras vitoriosas nas competições estaduais do ano de 1950, e os estrangeiros Juventus (Itália), Estrela Vermelha (Iugoslávia), Olympique Nice (França), Sporting (Portugal), Áustria Viena (Áustria) e Nacional (Uruguai).

O elevado nível de competitividade do torneio, relatado pela imprensa da época, resultou na realização de partidas de grande interesse e adesão de público, como o jogo disputado entre Palmeiras e Juventus, na fase de grupos, em que a equipe italiana triunfou sobre o alviverde com um placar de 4 a 0, e a renda da venda de ingressos alcançou a maior cifra daquela fase do torneio[149]. O progresso de ambas as equipes ao longo da competição levou-as a um reencontro na final de dois jogos, objeto de grande expectativa até mesmo pela imprensa italiana, que dedicou ampla cobertura à trajetória da agremiação de Turim, debatendo suas possibilidades de triunfo[150] e arriscando palpites favoráveis a seu desempenho, como no caso do jornal *La Stampa* que estabelecia a Juventus como favo-

---

mas também em comentários da imprensa internacional atenta ao evento. Ver, por exemplo, a cobertura do jornal italiano *Corriere dello Sport*, que reportava a realização do torneio como uma espécie de vendeta ("*rivincita*", no italiano original) imediata ao Uruguai, de modo a afirmar a supremacia futebolística brasileira. "Tra Rio de Janeiro e San Paolo, l'avvio del 'Torneo dei Campioni'". *Corriere dello Sport*, n. 155, 30 jun. 1951, p. 3.
[147] "Inicia-se hoje o Torneio Internacional de Futebol em disputa da primeira taça 'cidade do Rio de Janeiro'". *O Estado de S. Paulo*, 30 jun. 1951, p. 6.
[148] "Aprovado o regulamento do Torneio dos Campeões". *Diário da Noite*, n. 5017, 17 mar. 1951, p. 20.
[149] "O Palmeiras perde por 4 a 0!". *Campeoníssimo*: órgão oficial da S. E. Palmeiras, n. 6, ago. 1951, p. 12.
[150] "Possibilità della Juventus nella Coppa dei Campioni". *La Stampa*, n. 140, 15 jun. 1951, p. 3.

rita[151]. Na primeira partida da final, entretanto, o Palmeiras obteve a vitória pelo placar de 1 a 0, motivado por certo espírito de revide (de acordo com a observação da imprensa da época) na adoção de uma estratégia mais ofensiva[152]. Na partida decisiva, por sua vez, mais de 100 mil torcedores e espectadores ocuparam as arquibancadas do Estádio do Maracanã[153] e testemunharam a conquista do torneio pela agremiação palmeirense, após empate por 2 a 2.

Os testemunhos e a documentação disponível sobre o episódio indicam, a partir de um atento cotejamento historiográfico, a relevância do título conquistado pelo Palmeiras na ocasião em virtude do próprio significado atribuído ao torneio, um ano após a derrota da Seleção Brasileira na Copa do Mundo sediada em solo nacional. De acordo com relatos de memória sobre o episódio, a multidão que assistiu ao jogo tomou as ruas após o apito final com gritos de "Viva o Palmeiras, viva o Brasil"[154], ocasionando uma situação singular em que "[…] colocando-se acima das paixões do regionalismo e da rivalidade que sempre existiu entre os dois grandes centros, os guanabarinos uniram-se para aplaudir o Palmeiras e levá-lo à vitória"[155]. No dia seguinte, corroborando com o imaginário de unidade nacional em torno da conquista palmei-

---

[151] "Contro i paulisti (che ieri hanno fatto 0-0 col Vasco) favoriti gl'italiani". *La Stampa*, n. 167, 17 jul. 1951, p. 4.
[152] "Na primeira final o Palmeiras vence por 1 a 0!". *Campeoníssimo*: órgão oficial da S. E. Palmeiras, n. 6, ago. 1951, p. 15.
[153] José Iazetti. "Palmeiras, campeão do mundo!". *Campeoníssimo*: órgão oficial da S. E. Palmeiras, n. 6, ago. 1951, p. 7.
[154] Relato de memória narrado por Marcos Gama, torcedor e conselheiro da S. E. Palmeiras, que à época da Copa Rio tinha 5 anos e estava no Rio de Janeiro junto a seus familiares, que viajaram para acompanhar o Palmeiras na disputa do torneio internacional. Relato concedido em entrevista realizada em 16 mar. 2022.
[155] Moacyr James Braz. "A torcida carioca viu o Brasil no Palmeiras!". *Campeoníssimo*: órgão oficial da S. E. Palmeiras, n. 6, ago. 1951, p. 25.

rense, as manchetes de jornais como a *Gazeta Esportiva* afirmavam em letras garrafais: o Palmeiras era "campeão do mundo"[156].

Torcedores e espectadores comemoram a conquista palmeirense da "Copa Rio", o Torneio Mundial dos Campeões. In: Moacyr James Braz. "A torcida carioca viu o Brasil no Palmeiras!". *Campeoníssimo*: **órgão oficial da S. E. Palmeiras, n. 6, ago. 1951, p. 25.**

Tal conotação de *brasilidade* conferida ao título, identificando o Palmeiras como o representante nacional definitivo em um torneio mundial de campeões, permaneceria rondando e compondo a imaginação identitária do clube nos anos seguintes, junto a outros exemplares que reforçavam suas tonalidades brasileiras. O hino oficial da agremiação, por exemplo, fora composto em 1949 e trazia o conhecido verso que afirma que o Palmeiras "sabe ser brasileiro"[157], o que se procurava afirmar e demonstrar através dos acontecimentos

---

[156] "Palmeiras campeão do mundo!". *A Gazeta Esportiva*, n. 2515, 23 jul. 1951, p. 1.
[157] Partitura do Hino Oficial da S. E. Palmeiras. In: Jota Christianini. *Bíblia do palmeirense*: livro e documentos históricos de um centenário de conquistas. São Paulo, Panda Books, 2014.

protagonizados pelo clube. O periquito (ave típica da Mata Atlântica) admitido como mascote[158] também se inseria com força no mosaico simbólico dessa elaboração identitária, ganhando especial visibilidade justamente a partir das décadas de 1940 e 1950, época em que peças comemorativas como cartazes e flâmulas reforçavam sua presença como símbolo palmeirense e diversificavam, assim, os elementos componentes da identidade clubística junto às referências tradicionais à origem italiana. Por fim, a realização de excursões e turnês da equipe por regiões diversas do país – especialmente pelo Norte e Nordeste – também viriam a expandir sua popularidade para além das terras paulistas onde o clube se originara, assim como aconteceria com outras prestigiosas equipes do mesmo contexto.

Outro episódio de conotação similar ocorreu, ainda, em 7 de setembro de 1965, momento histórico cujas condições políticas do Brasil já eram diversas às das décadas anteriores (a deflagração de um golpe de Estado em 1964 instaurou um regime militar que duraria 21 anos). Nessa ocasião, o Palmeiras foi convidado pela CBD a disputar um amistoso contra o Uruguai, realizado por ocasião da inauguração do Estádio Estadual Minas Gerais, o "Mineirão" (em Belo Horizonte)[159], e trajando o uniforme da confederação brasileira, a equipe venceu a partida com placar de 3 a 0. Por esse episódio, o Palmeiras ficou registrado como o único clube do país a representar oficialmente a seleção nacional em uma partida[160], aspecto que fortalece o enre-

---

[158] A despeito da intensificação de seu uso a partir das décadas de 1940 e 1950, convém mencionar que, de acordo com as fontes oficiais do clube, o periquito foi incorporado como mascote pela primeira vez em 1917, por conta da adoção do verde como cor do uniforme. Ver: "Mascotes". *Portal oficial da Sociedade Esportiva Palmeiras*. Disponível em: www.palmeiras.com.br/mascotes/#:~:text=O%20Periquito%20%C3%A9%200%20primeiro,nos%20bosques%20do%20Parque%20Antarctica (acesso em 12 abr. 2022).

[159] "Palmeiras representa o Brasil hoje em BH". *Folha de S. Paulo*, n. 13.232, 7 set. 1965, p. 1.

[160] "Palmeiras derrotou o Uruguai: 3 a 0". *Folha de S. Paulo*, n. 13.233, 8 set. 1965, p. 1.

damento entre a identidade clubística e os imaginários de *brasilidade*. Ainda que distanciados por anos ou décadas entre si, o conjunto desses acontecimentos – desde a mudança de nome e passando pela conquista da Copa Rio – constitui um largo processo em que a identificação da agremiação com os referenciais de identidade nacional foi se reforçando, incorporando-os a um mosaico identitário que tampouco deixava de manter a referência à origem italiana.

O Palmeiras durante o regime militar

Paralelamente a esse extenso processo, convém destacar que a conotação política da adoção de tais imaginários de identidade nacional permaneceria deslocada de qualquer filiação ou fidelidade da S. E. Palmeiras a um ou outro governo ou regime vigente no país. Durante o período da ditadura civil-militar, em que a discursividade nacionalista foi particularmente reaquecida, as relações da agremiação com o regime se ativeram às formalidades mais convencionais, ainda que, certamente, o clube abrigasse simpatizantes do regime, o que, de acordo com o historiador René Dreifuss, ocorria em praticamente todas as agremiações futebolísticas do período. Na perspectiva desse autor, embora os clubes sociais e esportivos apresentassem uma composição popular em seu quadro de sócios e seguidores, suas estruturas diretivas eram predominantemente elitistas[161], o que teria resultado em um particular interesse das redes de ação golpistas político-militares, que já em 1963 contatavam diretores das mais diversas agremiações procurando aproximá-los à articulação do golpe (deflagrado no ano seguinte) através do discurso de que uma "ameaça vermelha" rondava o país[162].

Entre os dirigentes de clubes de futebol envolvidos nas articulações golpistas, destacam-se alguns nomes, como o de Wadih Helu, à época presidente do Sport Club Corinthians Paulista, que

---

[161] René Armand Dreifuss. *1964, a conquista do Estado*: ação política, poder e golpe de classe. 3ª edição. Petrópolis: Vozes, 1981, p. 386.
[162] *Idem*.

posteriormente atuou como deputado estadual pela Aliança Renovadora Nacional (Arena), o partido de sustentação da ditadura, e como secretário de estado durante o governo de Paulo Maluf (1979–1982)[163]. Além dele, René Dreifuss também destaca o nome de Manoel de Carvalho, que acumulava os cargos de vice-presidente no São Paulo Futebol Clube e no Banco Sul-Americano, além de liderar o IPES (Instituto de Pesquisas e Estudos Sociais), núcleo criado por empresários e oficiais militares para a disseminação de campanhas anticomunistas que conformaria um dos principais polos de conspiração golpista às vésperas de 1964[164]. No caso do Palmeiras, o historiador cita o nome de Delfino Facchina, presidente do clube à época do golpe e sua articulação, contatado pelo Estado-Maior civil-militar junto a dirigentes de diversas outras agremiações (muitas delas sem atividades futebolísticas) para receberem instruções – aparentemente jamais levadas a cabo – que incluíam até mesmo a criação de "galerias subterrâneas de tiro em seus clubes sociais para o treinamento de sócios"[165].

Além de tais nomes, articulados à trama golpista em diferentes níveis de envolvimento, outros dirigentes esportivos também vieram a se destacar, nos anos seguintes, por uma vinculação mais próxima ao regime, como Laudo Natel, que presidiu o São Paulo Futebol Clube durante a construção do estádio do Morumbi e chegou a mobilizar forças do Exército para concluí-lo a tempo de sua inauguração total, numa cerimônia que contou com a presença do presidente militar general Emílio Garrastazu Médici, em 25 de janeiro de 1970[166]. Natel também assumiria, nas décadas de 1960 e 1970, os cargos de

---

[163] Fabiana Ortiz do Nascimento. *A caneta do Estado*: políticas públicas de esporte no estado de São Paulo durante o regime militar (1964–1972). Dissertação de Mestrado. São Paulo, Faculdade de Filosofia, Letras e Ciências Humanas da Universidade de São Paulo, 2021, p. 26.

[164] Starling, Schwarcz, *op. cit.*, p. 441.

[165] *Idem.*

[166] José Paulo Florenzano. *A democracia corinthiana*: práticas de liberdade no futebol brasileiro. São Paulo: Editora Ludopédio, 2021, p. 74.

vice-governador e governador do estado de São Paulo através das indicações promovidas pelo colégio eleitoral do regime[167].

É relevante salientar que a aproximação, o envolvimento ou a simpatia de figuras dirigentes pela articulação golpista e pelo regime militar em si transpareciam de forma variável na condução das políticas internas dos clubes: partindo da premissa sustentada neste livro a respeito dos enredamentos entre futebol e política, concebemos como inevitável que as influências das orientações políticas e ideológicas carregadas por tais dirigentes, ainda que de forma pessoal, se manifestassem em suas escolhas e ações no terreno futebolístico. Vide, por exemplo, a nota de saudação corintiana ao presidente militar marechal Castello Branco, afirmando que o Brasil iniciava "o mais grandioso ciclo de sua história", publicada por Wadih Helu em nome do clube em 16 de abril de 1964, no *Diário Popular*[168]. O mesmo dirigente seria acusado, posteriormente, de atuar como um "ditador" na política interna do clube, pela principal torcida organizada corintiana, fundada no mesmo período. Nesse sentido, convém destacar que a presença e a atuação de tais dirigentes não deve ser confundida como expressão direta e automática dos clubes em si, uma vez que, assim como propusemos a respeito do Palestra Italia e as presenças fascistas e antifascistas durante as décadas de 1920 a 1940, esses se configuravam como os objetos centrais das disputas políticas.

Além disso, autores como o antropólogo José Paulo Florenzano destacam que, para além da atuação objetiva dos dirigentes, a incidência de um imaginário autoritário que se expandia pela sociedade brasileira no contexto da ditadura não poderia deixar de influenciar igualmente os acontecimentos futebolísticos. Um exemplo notável, envolvendo o próprio Palmeiras, se deu no ano de 1967, ocasião em que diversos jogadores, insatisfeitos com as condições de renovação de seus contratos, confrontaram os di-

---

[167] Nascimento, *op. cit.*
[168] "Sport Club Corinthians Paulista". *Diário Popular*, 16 abr. 1964.

rigentes alviverdes e a própria opinião da imprensa hegemônica recusando-se a entrar em campo até que a situação contratual se resolvesse. O movimento, protagonizado pelos jogadores Djalma Dias, Servílio e Tupãzinho, deflagrou um amplo debate sobre a lógica econômica do futebol que se estenderia até 1968, ocasião em que o último impasse, envolvendo o zagueiro Dias, se resolveria. Ao longo de todo o processo, entretanto, destacava-se a abordagem negativa da imprensa, que referenciava as reivindicações dos atletas como "insurreição", "conluio" ou até "conspiração de craques", como seria nomeada pela *Gazeta Esportiva*[169]. O uso de tais termos, conforme destacado por Florenzano, estabelecia absoluta sintonia com a gramática do regime militar, referenciando um imaginário de insubordinação e indisciplina ao confrontar-se com episódios de dissenso na esfera interna dos clubes.

Ao mesmo tempo, a influência do contexto militarizado também se fazia presente na ascensão de um futebol caracterizado pela força e pela disciplina, revestido por um discurso de "modernização"[170]: de acordo com Florenzano, a própria supremacia obtida por esse imaginário de jogo – no ambiente da CBD e em discursos de veículos de imprensa do período – justificava, por exemplo, as recusas de Zagallo (técnico da Seleção Brasileira) em escalar Ademir da Guia, "jogador artesão" e peça-chave da vitoriosa equipe palmeirense da época, cujo estilo de jogo, entretanto, não se caracterizava fundamentalmente por "força física, resistência, velocidade, aplicação tática e disciplina, atributos do futebol moderno"[171]. No mesmo contexto, a ascensão de tais valores também se verificava na incorporação de uma estrutura autoritária e militarizada pelas equipes dos diversos clubes[172], personificada na contratação de supervisores militares, que, de acordo com Flo-

---

[169] Florenzano, *op. cit.*, p. 381–382.
[170] *Idem*, p. 123.
[171] *Idem*, p. 116.
[172] Franco Jr., *op. cit.*, p. 148.

renzano, eram vistos "como a solução ideal para os clubes, que se lançavam na disputa pelos poucos profissionais disponíveis no mercado para exercer a referida função"[173].

A contrapelo das tonalidades autoritárias e militaristas dominantes, entretanto, a esfera futebolística do período também constituía simultaneamente um conjunto de brechas e possibilidades singulares de vida política, verificadas em diversas experiências democráticas e práticas de liberdade no futebol brasileiro investigadas por Florenzano. Na perspectiva desse autor, verificava-se, no campo futebolístico, a persistência de uma "longa tradição de autonomia"[174] que, curiosamente, encontraria seu ápice justamente durante as décadas em que o país viveu a ditadura civil-militar instituída a partir do golpe de 1964. De ondas grevistas protagonizadas por jogadores a experiência direta de formas políticas diversas, tais como "abertura democrática, movimento autogestionário, gestão participativa, cogestão ou, ainda, sistema de cooperativa"[175], o autor identifica práticas de organização politizada em variados clubes brasileiros. Muitas dessas experiências, anteriores ou contemporâneas à chamada *democracia corintiana* – amplamente referenciada até os dias atuais como notável episódio de entrelaçamento entre práticas futebolísticas e políticas[176] – costuravam-se no contrapelo da ascensão e consolidação dos valores autoritários postulados pela ditadura, os quais também iam se inserir de modo marcante no cotidiano futebolístico do país.

Em contrapartida à vitoriosa penetração de valores militares no ambiente futebolístico, as práticas políticas protagonizadas por atletas no mesmo período constituíam, por sua vez, um notável laboratório de experiências de organização e resistência combativa: as greves

---

[173] Florenzano, *op. cit.*, p. 109.
[174] *Idem*, p. 375.
[175] *Idem*, p. 375.
[176] Ver, por exemplo, Quique Peinado. *Futebol à esquerda*. Trad. Carlos Tranjan e Luis Reyes Gil. São Paulo: Madalena, 2017, p. 136–137.

de jogadores durante a década de 1970, mobilizadas sobretudo por reivindicações salariais, produziam uma perplexa perturbação no ambiente esportivo – materializada na própria inexistência de medidas previstas para casos de greve no Código Brasileiro Disciplinar de Futebol –, apresentando-se como "fato imprevisto e até certo ponto surpreendente, seja pela imagem de imobilismo sedimentada no imaginário social a respeito dessa categoria profissional, seja porque ela havia decidido entrar em cena justamente no contexto de militarização"[177]. Ao mesmo tempo, o volume de experiências de administração e organização protagonizadas por atletas replicava-se de forma tão marcante nas diversas agremiações que Florenzano refere-se a seu conjunto utilizando o termo "República do Futebol"[178], compreendendo-a como uma efervescente rede conectada de experiências.

Democracia palmeirense

No âmbito da Sociedade Esportiva Palmeiras, o antropólogo destaca seu pioneirismo ao inaugurar essa composição enredada de experiências justamente no ano de 1964, poucos meses após a deflagração do golpe que destituiu o presidente João Goulart e inaugurou o regime militar que se estenderia até 1985. Para além dos impactantes eventos políticos ocorridos em escala nacional, as alamedas do clube social do Palmeiras estavam, à época, simultaneamente tomadas pelo fervor das comemorações dos cinquenta anos de fundação da agremiação e pela insatisfação com sucessivos maus resultados que afastavam cada vez mais o clube alviverde de possibilidades concretas de obter um bicampeonato paulista. Como resposta imediata ao cenário negativo, no dia 15 de setembro caiu o técnico Silvio Pirilo, e diante dos receios da diretoria com a inexperiência de Mario Travaglini, técnico da categoria juvenil escalado para assumir a equipe com o campeonato em andamento, os jogadores Valdemar Carabina, Julio Botelho e

---

[177] *Idem*, p. 64.
[178] *Idem*, p. 375.

Djalma Santos foram alçados a componentes conjuntos do "quarteto da esperança", como ficou conhecida a experiência de coparticipação jogadora no comando técnico da equipe, chancelada pela diretoria do clube como solução para a crise[179].

Após uma primeira vitória sobre a equipe do Comercial, desprezada pela imprensa da época e considerada uma "vitoriazinha comum"[180] que poderia ter sido obtida até mesmo sem técnico algum, a equipe palmeirense voltou a vencer no Pacaembu, em partida diante do Juventus. Nessa ocasião, a experiência peculiar de gestão da equipe finalmente se tornava objeto de interesse da imprensa, sendo apresentada por Travaglini em entrevista concedida à *Gazeta Esportiva*. Conforme recuperado por Florenzano, o treinador explicava:

> Fomos empossados como "técnicos", mas preferimos continuar a sermos companheiros. Assim, ali não se dão ordens. Sempre que nos reunimos, comunicamos aos companheiros do elenco quais as medidas que serão postas em prática e trocamos ideias a respeito[181].

A experiência compartilhada e autogestionária de organização – chancelada pela diretoria da equipe e responsável por uma bela sequência de vitórias no campeonato – foi suspendida, no entanto, após dois resultados adversos (contra o São Bento de Sorocaba e a Portuguesa) que confirmaram, pelo sistema de pontos corridos, a conquista do campeonato pela equipe do Santos[182]. Sem perspectivas de título, o "quarteto da esperança" ainda venceu mais duas partidas (contra a Ferroviária e o América)[183], mas a perda

---

[179] *Idem*, p. 376.
[180] "Bom dia". *A Gazeta Esportiva*, 17 de setembro de 1964. Citado por Florenzano, *op. cit.*, p. 377.
[181] "Travaglini fala pelo 'comando': Ninguém aqui é 'mandão': somos todos companheiros'". *A Gazeta Esportiva*, 22 de setembro de 1964. Citado por Florenzano, *op cit*.
[182] Florenzano, *op. cit.*, p. 379.
[183] *Idem*, p. 380.

do título e da Taça Brasil, que garantia à época uma vaga na Taça Libertadores da América, custaram o cargo a Travaglini[184].

Dois anos depois, no entanto, o treinador voltaria a ser escalado pela diretoria alviverde como técnico do plantel principal, tendo adquirido mais experiência com as categorias de base e obtido bons resultados em eventuais partidas nas quais fora convocado para coordenar a equipe profissional ao longo do período. Reempossado técnico a partir de novembro de 1966, Travaglini adotou novamente o sistema participativo de comando junto aos jogadores mais experientes, conquistando, dessa vez, o título paulista. Em um relato de memória de Djalma Santos recuperado pelos jornalistas Márcio Trevisan e Helvio Borelli, o jogador comenta: "foi uma experiência interessante, acho que até inédita naquela época, e que deu certo, pois o Palmeiras foi campeão"[185].

Essa primeira experiência de autonomia, ocorrida durante as experiências de Travaglini como técnico empossado da equipe palmeirense, inscreve-se de forma pioneira na história das experiências democráticas futebolísticas. José Paulo Florenzano ressalta que, em última análise, não se observam diferenças substanciais entre a experiência alviverde, que o autor denomina "democracia palmeirense"[186], e aquela protagonizada por Sócrates, Wladimir e Casagrande no rival Corinthians, quase vinte anos depois. Nas palavras do antropólogo, a diferença de maior porte entre as experiências democráticas vivenciadas nos rivais se dava no contexto extracampo que as abarcavam:

> [...] enquanto o movimento alvinegro adquiria impulso favorecido pela conjuntura política da redemocratização, a do alviverde, deflagrada logo depois do golpe de Estado, desenvolvia-se na con-

---

[184] Helvio Borelli; Márcio Trevisan. *Mário Travaglini*: da academia à democracia. São Paulo: HBG Comunicações, 2008, p. 38.
[185] *Idem*, p. 42.
[186] Florenzano, *op. cit.*, p. 377.

tracorrente do processo de militarização da sociedade brasileira e encontrava dentro dessa moldura histórica os limites impostos à construção da autonomia[187].

Florenzano salienta ainda que, particularmente no contexto histórico em questão, a ideia de autogestão poderia soar como um "objeto estranho ao universo do futebol"[188]: as práticas correntes no ambiente futebolístico destoavam de toda uma tradição, retomada pelo autor, do princípio de autodeterminação posto em prática em experiências políticas diversas. A ocorrência de tais experimentos democráticos na gestão das equipes, entretanto, inscreviam o futebol de forma contundente nesse enredo, revelando em que medida o esporte também se mostrava, então, como espaço de imaginação e prática política.

No caso do Palmeiras, especificamente, é emblemático o significado político antagônico ao espírito autoritário do contexto, carregado pela ocorrência de tal experiência autogestionária. Convém mencionar que, dentro das quatro linhas, as décadas de 1960 e 1970 foram períodos de glória esportiva para a agremiação palmeirense, caracterizada por conquistas importantes como a Taça Brasil (1960 e 1967), o Torneio Roberto Gomes Pedrosa (1967 e 1969), os troféus Ramón de Carranza, na Espanha (1969, 1974 e 1975), entre campeonatos paulistas e outros títulos. Também foi o período em que se destacaram e consolidaram diversos ídolos, desde Djalma Santos até Ademir da Guia, Dudu, César Maluco, Luís Pereira e outros componentes protagonistas das duas triunfantes "academias", como são tradicionalmente nomeadas na historiografia oficial da agremiação[189]. Dentro de nossa perspectiva nesta obra, entretanto, op-

---

[187] *Idem*, p. 378.

[188] *Idem*, p. 52.

[189] Mais informações sobre as conquistas esportivas das duas academias estão disponíveis na página oficial da S. E. Palmeiras. Ver: Linha do tempo. *Portal Oficial da Sociedade Esportiva Palmeiras*. Disponível em: www.palmeiras.com.br/linha_do_tempo/ (acesso em 12 abr. 2022).

tamos por destacar episódios como o da "democracia palmeirense", menos lembrados do que as partidas e os títulos de grande destaque esportivo (e dos quais a memória oficial se encarrega de preservar), porém significativamente relevantes para pensar os atravessamentos democráticos do contínuo fazer-se da agremiação alviverde.

Bailes *black* no alviverde

Para além dos campos de futebol, simultaneamente, outro aspecto próprio à dimensão social da vida clubística da S. E. Palmeiras no período também nos revela uma disposição simpática a valores democráticos e de afirmação da diversidade cultural: entre os anos de 1975 e 1982, o ginásio do clube abrigou a realização de diversas edições da Chic Show, um dos principais bailes vinculados à cultura *black* no período. A efervescência de tal cultura, fundamentalmente atrelada a gêneros musicais como o *soul* e o *funk*, apresentava-se como força afirmativa da população negra nas grandes cidades brasileiras[190], que, através de códigos visuais próprios na composição de suas roupas, penteados, linguagens e comportamentos, propunha um significado positivo para a ideia de *negritude*, em um país estruturalmente atravessado pela existência de relações sociais racistas. Nesse contexto, o crescimento dos bailes *black* em São Paulo se consolidava principalmente em torno das festas Zimbabwe e Chic Show, esta última criada em 1968 por Luiz Alberto da Silva, o "Luizão"[191].

A Chic Show circulou, ao longo de seus primeiros anos, por diversos bairros das regiões sul e oeste da cidade, muitas vezes atuando

---

[190] Ana Marília Carneiro. *Signos da política, representações da subversão*: a Divisão de Censura de Diversões Públicas na ditadura militar brasileira. Dissertação de Mestrado. Belo Horizonte, Universidade Federal de Minas Gerais, 2013, p. 92.

[191] João Batista de Jesus Felix. *Chic Show e Zimbabwe e a construção da identidade nos bailes* black *paulistanos*. Dissertação de Mestrado, São Paulo, Faculdade de Filosofia, Letras e Ciências Humanas da Universidade de São Paulo, 2000, p. 45.

de forma relativamente improvisada até se estabelecer no salão da Cooperativa do Carvão, em Pinheiros. Lá ocorriam bailes semanais até a mudança de sede, em 1971, para um salão pertencente à escola de samba Camisa Verde e Branco, quando a frequência dos bailes se expandiu, passando a ser realizados também em outras regiões da cidade. Em 1975, em um movimento ousado que visava intensificar a expansão da festa e seu alcance, a Chic Show apresentou à diretoria da S. E. Palmeiras um pedido de aluguel do salão do clube, rapidamente aceito e estabelecido em contrato de forma definitiva após o sucesso da primeira edição da festa, que apresentou Jorge Ben como atração principal e contou com um público de 16 mil pessoas[192].

Cartaz de divulgação do show de James Brown na Chic Show, realizada no ginásio da S. E. Palmeiras (reprodução do arquivo pessoal do autor).

Nos bailes seguintes realizados no ginásio palmeirense, atrações nacionais como Tim Maia, Sandra de Sá, Gilberto Gil e Djavan foram recebidas por públicos cada vez maiores, até a realização

---

[192] *Idem*, p. 46.

do *show* de James Brown, em 1978, primeira atração internacional da festa. A este seguiram-se nomes como Gloria Gaynor, Jimmy Bo Horne e Earth, Wind & Fire[193], em eventos que atingiam uma média de público de 20 mil pessoas[194].

O impactante contingente numérico do público presente nos bailes da Chic Show assinala a relevância, no contexto histórico em questão, do próprio movimento *black*, cuja ascensão não era vista com bons olhos pelas estruturas repressivas e censoras do regime militar, assim como a difusão de seus símbolos e estética. Em 1971, por exemplo, um conjunto de informes do Centro de Informações do Exército e da Marinha, recuperado pela historiadora Ana Marília Carneiro, demonstrava preocupação com a participação, no Festival Internacional da Canção (realizado no Rio de Janeiro), de artistas identificados com a cultura *black power*, assimilando-a como um movimento "formado por elementos extremistas, com ideologia de esquerda"[195]. Conforme registrado em um dos informes,

> O Sr. Augusto Marzagão pretende trazer um grupo atuante do 'black Power' para se exibir no FIC. É desnecessário falar nos inúmeros problemas criados pelo referido grupo para as autoridades americanas, e, por outro lado, a atuação dêste grupo poderá criar uma situação desagradável no trato de um problema que não existe ainda entre nós, que é a discriminação racial[196].

A vinculação da cultura *black* ao espectro político da esquerda, bem como a preocupação com o debate racial que poderia ser

---

[193] *Idem.*

[194] *Idem*, p. 152.

[195] Informe n. 0157/71 do Centro de Informações da Marinha com difusão para o centro de informações do DPF, 23 de julho de 1971. Citado por Carneiro, *op. cit.*

[196] Informe n. 456/71 do Centro de Informações do Exército encaminhado ao centro de informações do DPF, 23 de julho de 1971. Citado por Carneiro, *op. cit.*

estimulado por suas premissas, fomentaram entre os serviços de informação e segurança do regime a implementação de estratégias de infiltração e vigilância, estendidas aos mais diversos grupos do movimento negro brasileiro[197]. Tais atividades visavam não apenas mapear e identificar os integrantes do movimento negro, mas também "rastrear os gestos, comportamentos e a aparência daqueles que circulavam nesses espaços"[198], conforme destacado por Carneiro. Tratava-se, fundamentalmente, de verificar os riscos que a disseminação da cultura *black* poderia deflagrar, visto que, de acordo com a historiadora Karin Kössling, "os movimentos negros eram entendidos como 'fatores adversos', ao impedir que a 'harmonia racial', um dos objetivos nacionais, fosse 'preservada'"[199]. Tal inquietação era verificada em documentação manuseada pela autora, como um informe da Polícia Federal em que se afirmava:

> Esses movimentos revelam o incremento das tentativas subversivas de exploração de antagonismos raciais em nosso País, merecendo uma observação acurada das infiltrações no Movimento 'black', tendo em vista que se porventura houver incitação de ódio ou racismo entre o povo, caberá Lei de Segurança Nacional[200].

Tal ambientação histórica dos significados vinculados ao contexto dos bailes *black*, durante o período militar, assinala a relevância política da realização de tais eventos nas dependências da Sociedade Esportiva Palmeiras, cuja incidência no cotidiano de jovens negros na cidade de São Paulo permaneceria ativa na proliferação de novas formas cultu-

---

[197] Karin Sant'Anna Kössling. *As lutas antirracistas de afrodescendentes sob vigilância do* DEOPS/SP *(1964-1983)*. Dissertação de Mestrado. São Paulo, Faculdade de Filosofia, Letras e Ciências Humanas da Universidade de São Paulo, 2007, p. 37.
[198] Carneiro, *op. cit.*, p. 93.
[199] Kössling, *op. cit.*, p. 43.
[200] Informe n. 318 confidencial do Centro de Informação da Polícia Federal, de 14 de agosto de 1978. Citado por Kössling, *op. cit.*

rais posteriores, conforme narrado, anos depois, pelo *rapper* Thaíde em sua famosa composição junto ao DJ Hum intitulada "Sr. Tempo Bom": "grandes festas no Palmeiras com a Chic Show / Zimbabwe e Black Mad eram Company Soul / anos oitenta comecei a frequentar alguns bailes / ouvia comentários de lugares"[201]. Outras figuras de destaque na cena de *rap* nacional posteriormente consolidada, como Mano Brown (dos Racionais MC's), também atestariam, em entrevistas, a relevância desses ambientes de encontro e convivência negra[202].

Conclusivamente, se na transição da década de 1970 para a de 1980 percebemos com alguma clareza a marcante interação entre a estrutura clubística da Sociedade Esportiva Palmeiras e a diversidade de componentes sociais e étnicos da população, explicitada através da realização dos bailes *black*, é relevante assinalar o avanço dessa interação como um processo concomitante à sólida incorporação da *brasilidade* como aspecto componente do imaginário identitário palmeirense. Ao longo deste capítulo, nos dedicamos a esmiuçar essa trajetória na perspectiva institucional e esportiva do clube, embora durante todo o século XX essa interação também tenha se expandido significativamente no âmbito da torcida, cuja caracterização progressivamente passou a transcender a identificação atrelada à coletividade italiana e seus descendentes. Nesse âmbito, a afirmação das diversidades levada à prática na composição das multidões torcedoras palmeirenses não constituiu um fenômeno meramente espontâneo, mas se deu continuamente atravessada por iniciativas de destaque na elaboração das próprias culturas de arquibancada. Esse é o tema a que dedicaremos especial atenção a seguir.

---

[201] Sr. Tempo Bom. In: Thaíde e Dj Hum. *Preste Atenção*. São Paulo: Humbatuque Records, 1996. 1 CD.

[202] Ver entrevista concedida por Mano Brown ao *podcast* Podpah, na qual o *rapper* afirma que o "Palmeiras era aquele baile perfumado: quando você descia do ponto do ônibus o cheiro já vinha te buscar no ponto, era um calor, 15 mil [pessoas]…". Ver: *Podpah #351*. Locução de Igão e Mítico. São Paulo: Podpah, 8 mar. 2022. Disponível em: www.youtube.com/watch?v=aahyLNH4PrE (acesso em 13 abr. 2022).

3. Torcidas organizadas e culturas de arquibancada

Ao longo da história do futebol profissional brasileiro, as formas de torcer caracterizaram-se por uma ampla diversidade de práticas, modelos e formas de organização. Da primordial *assistência* constituída nas primeiras décadas às particulares condições das atuais arenas, os mais diversos modos de torcer conviveram e se transformaram, constituindo uma trajetória própria para além do jogo desempenhado pelos atletas dentro das quatro linhas.

Nas arquibancadas palmeirenses, a historiografia salienta a presença de algumas figuras de destaque entre as multidões que acompanhavam as partidas da equipe: mencionamos no primeiro capítulo, por exemplo, a singular personagem constituída por Maria das Dores, a "Vovó do Pito", que evidenciava a presença negra na torcida palestrina nas primeiras décadas do clube. Seu caso é menos lembrado que o do emblemático Giovani Capalbo, o "João Gaveta", conhecido por sua intensidade e passionalidade na forma de torcer e acompanhar as partidas do clube, atribuindo costumeiramente as derrotas alviverdes à atuação dos juízes. Sepultado em jazigo oficial do clube, João Gaveta tornou-se figura de destaque nas arquibancadas e é identificado na memória oficial palmeirense como uma espécie de "torcedor símbolo"[203].

Para além da singularidade de tais figuras, entretanto, a constituição da torcida palmeirense também contemplou, em sua tra-

---

[203] Vitor Canale. Da mais vibrante à mais temida: cooperação, respeito, virilidade e violência na história da Torcida Uniformizada do Palmeiras e da Mancha Verde (1971–1995). *Cadernos de História*, v. 22, n. 37, nov. 2021, p. 35.

jetória, a formação de agrupamentos formalmente organizados com o objetivo de apoiar a equipe durante as partidas. Na memória de antigos torcedores que vivenciavam a experiência das arquibancadas, desde a década de 1940 se verificava a presença de tais agrupamentos, com particular destaque para a chamada "charanga", banda musical formada por sócios do clube[204]. Embora tal fenômeno também se identificasse pontualmente, à época, em torcidas de outras agremiações Brasil afora[205], de acordo com depoimento de Matheus Wanderley Rodak – torcedor palmeirense que frequentava os jogos na década de 1960 – o Palmeiras era um dos únicos clubes da capital paulista que contavam com uma "charanga", o que diferenciava sua torcida das demais no período[206]: era a "bandinha do Gino", que tocava marchinhas e tarantelas[207]. Em entrevista realizada com o conselheiro palmeirense Marcos Gama, por sua vez, ele nos conta que, durante a década de 1960,

> [...] o Palmeiras tinha uma coisa, uma novidade que apareceu assim, mais ou menos nessa época, que foi a bandinha. Ela tinha todos os instrumentos, tinha até saxofone, flauta... era um negócio sensacional. Cantava muita música de carnaval e cantavam também músicas diferentes, diferenciadas[208].

---

[204] Bernardo Borges Buarque de Hollanda; Raphael Piva Favalli Favero. Cronologia das torcidas organizadas (VI): Mancha Verde – Sociedade Esportiva Palmeiras (parte I). *Portal Ludopédio*, São Paulo, v. 102, n. 13, 2017. Disponível em: ludopedio.org.br/arquibancada/manchaverde-parte-1/ (acesso em 16 mar. 2022).

[205] Bernardo Buarque de Hollanda. A festa competitiva: formação e crise das torcidas organizadas entre 1950 e 1980. In: Bernardo Buarque de Hollanda; João Malaia; Victor Andrade de Melo; Luiz Henrique de Toledo. *A torcida brasileira*. Rio de Janeiro: 7Letras, 2012, p. 90.

[206] Wanderley Matheus Rodak. *Wanderley Matheus Rodak* (depoimento, 2014). Rio de Janeiro, CPDOC/Fundação Getulio Vargas (FGV), 2019, p. 4.

[207] *Idem*, p. 5.

[208] Relato concedido por Marcos Gama em entrevista realizada em 16

Os primeiros grupos torcedores verificados nas arquibancadas palmeirenses possuíam um caráter "oficial" diretamente vinculado às diretorias[209], o que as aproximaria, em um sentido formal, do modelo das chamadas "torcidas uniformizadas": conforme assinalado pelo antropólogo Luiz Henrique de Toledo, essas organizações existiam desde a década de 1940, tendo como pano de fundo a própria massificação do futebol, que impulsionava formas cada vez mais coletivizadas de torcer. Os agrupamentos uniformizados, formados em sua maioria por indivíduos de classe média e sócios dos clubes de suas preferências, orientavam suas práticas torcedoras em sintonia com os interesses e objetivos dos dirigentes[210], e contavam com o incentivo entusiasmado da imprensa da época. Também eram identificados como organizações que auxiliavam na normatização das condutas torcedoras[211], em um contexto caracterizado pela ascensão de distúrbios e transgressões associadas à massificação do futebol. De tal modo, no arranjo institucional articulado entre clubes e torcidas uniformizadas, comumente era creditado a elas um "papel dirigente, capaz de integrar, regular e até mesmo manter a ordem na assistência nos espetáculos esportivos"[212], conforme comentado por Toledo. Profundamente atravessadas por imaginários característicos do contexto histórico de seu surgimento (o Estado Novo de Getúlio Vargas), as "torcidas uniformizadas" eram assumidas, de certo modo, como braços de um poder disciplinar instituído nos estádios a partir da consolidação do futebol enquanto evento de massa.

---

mar. 2022.
[209] Hollanda; Favero, *op. cit.*
[210] Luiz Henrique de Toledo. *Lógicas no futebol*. São Paulo: Hucitec; FAPESP, 2002, p. 226.
[211] *Idem.*
[212] *Idem*, p. 227.

A Torcida Uniformizada do Palmeiras

A despeito de sua vinculação oficial às estruturas institucionais do clube, entretanto, as charangas, bandas e pequenos agrupamentos que se ensaiavam nas arquibancadas palmeirenses não se apresentavam como "torcidas uniformizadas", alcunha que só seria efetivamente adotada por um grupo a partir de 1970, com a fundação da TUP (Torcida Uniformizada do Palmeiras). Embora contasse com um grupo significativo de sócios do clube, bem como com o apoio e o incentivo de funcionários e diretores (tais como Mario Travaglini e Mario Genovese)[213], a TUP já se caracterizava por certa independência, distanciando-se do modelo de "chancela direta e exclusiva dos dirigentes"[214]. Ao mesmo tempo, de acordo com depoimento de Matheus Wanderley Rodak, que integrou a TUP durante a década de 1970 e foi presidente da entidade entre 1980 e 1984, o surgimento da uniformizada manteve certa continuidade com a charanga, visto que se deu a partir de uma agrupação torcedora em torno de seus instrumentos:

> Não tinha bandeira, a torcida não tinha patrimônio, então o patrimônio da torcida, por exemplo, era a minha bandeira, a bandeira do outro, cada um tinha a sua bandeira. Instrumento, um tinha, outro não tinha, mas a gente tinha a charanga, aquela charanga continuou junto com a torcida, que era a bandinha do Gino. Que a gente costumava falar que era a bandinha do pé gelado. Quando via aquela bandinha... "hoje o jogo vai ser difícil" [risos][215].

A ambientação de criação da TUP em um contexto histórico particularmente marcado pela transição de modelos visivelmente distintos de organização torcedora, por sua vez, ofereceu à torcida uma particular composição que amalgamava elementos das diversas

---

[213] Rodak, *op. cit.*, p. 4.
[214] Hollanda, Favero, *op. cit.*
[215] Rodak, *op. cit.*

formas de torcer. Conforme assinalado pelo historiador Bernardo Buarque de Hollanda, a passagem da década de 1960 para a de 1970 caracterizava-se, a nível nacional, pela ascensão de novas formas torcedoras, autointituladas "torcidas organizadas", que agregavam possibilidades de agrupamento identitário como a caracterização etária (as chamadas "torcidas jovens"), comunitária (torcidas identificadas com bairros, regiões, localidades) e até mesmo a identificação de gênero, conforme exemplificado pelo surgimento de "torcidas femininas"[216]. Simultaneamente, as organizadas consistiam em uma modalidade de participação torcedora "nitidamente mais popular, contendora e mais autônoma"[217], conforme destacado por Luiz Henrique Toledo, distanciando-se do vínculo institucional com as diretorias dos clubes e constituindo nítidos instrumentos de organização interna, como a filiação e a emissão de carteirinhas, bem como a utilização de uniformização própria e a difusão de símbolos de identificação próprios de cada torcida[218].

No caso da TUP, embora nomeada como uma "torcida uniformizada" e qualificada em sua origem por um vínculo visível com elementos das estruturas oficiais do clube, a entidade foi rapidamente assumindo aspectos próprios de uma "torcida organizada". Sua formação original, de acordo com Matheus Wanderley Rodak, era essencialmente caracterizada por três grupos: "o pessoal estudante do colégio Dante Alighieri, depois o pessoal que morava na Pompeia, perto do Parque Antártica, e o pessoal da italianada do Brás"[219]. Rodak também destaca a presença feminina, exemplificada na figura de dona Édie Pascuti, nascida em 1917, que atuava como tesoureira da torcida, além de aglutinar os mais jovens ao seu redor contando histórias do clube[220], e era uma das muitas mulheres que compu-

---

[216] Hollanda, *op. cit.*, p. 114.
[217] Toledo, *op. cit.*, p. 229.
[218] Hollanda, *op. cit.*, p. 115.
[219] Rodak, *op. cit.*
[220] *Idem*, p. 5.

nham a torcida frequentando os estádios[221]. Mas, a despeito de uma origem visivelmente ancorada no elemento ítalo-descendente, à época mantido como uma das balizas identitárias ainda fortemente presentes (particularmente na vida clubística), as fileiras da TUP iam se expandir com a adesão de jovens palmeirenses pertencentes a outros grupos sociais, o que se manifestaria na diversificação de sua estética, seus símbolos e seus horizontes de atuação[222].

Em uma conjunção própria dessas características torcedoras diversas, a TUP dedicou-se com intensidade, já em seus primeiros anos, a promover uma agitação vibrante nas arquibancadas palmeirenses, caracterizada pela visualidade festiva de bandeiras de mastro, faixas, instrumentos e cantos inspirados em marchinhas, fumaça, papel picado e até gelo seco e papel higiênico[223], entre outros elementos visuais e sonoros que conferissem um particular protagonismo aos torcedores enquanto agentes componentes do espetáculo futebolístico[224], ainda que externos ao campo. Durante a década de 1980, após conquistar por três vezes o "Troféu Gandula", criado pelo jornalista esportivo Wilson Brasil, a TUP foi reconhecida como "a mais vibrante" entre as torcidas dos clubes da cidade de São Paulo[225], alcunha carinhosamente carregada pela torcida até os dias atuais, assim como "a pioneira" (por se configurar como a primeira torcida organizada do Palmeiras em atividade).

Simultaneamente, outras características próprias de uma torcida organizada se manifestavam na TUP com as particularidades do contexto futebolístico da época de sua fundação. De acordo

---

[221] *Idem.*

[222] *Idem*, p. 10.

[223] *Idem*, p. 12–13.

[224] *Idem*, p. 6.

[225] Bernardo Buarque de Hollanda; Raphael Piva Favalli Favero. Cronologia das torcidas organizadas (v): TUP – Torcida Uniformizada da Sociedade Esportiva Palmeiras. *Portal Ludopédio*, São Paulo, v. 101, n. 16, 2017. Disponível em: ludopedio.org.br/arquibancada/tup-torcida-uniformizada-da-sociedade-esportiva-palmeiras/ (acesso em 16 mar. 2022).

com Rodak, a TUP logo começou a viajar para acompanhar a equipe palmeirense em jogos fora de casa, organizando caravanas em solo nacional, mas também com destino a países como Argentina e Uruguai em jogos da Taça Libertadores[226]. A padronização dos torcedores nas cores do clube era uma preocupação, que garantia a identificação da torcida[227] assim como os materiais que compunham o seu patrimônio. E a renda para manter as atividades da torcida era obtida através da venda de suvenires e arrecadações internas, valorizando-se a manutenção da independência e a autonomia da entidade[228]. Fora das arquibancadas, por sua vez, a torcida mantinha a preocupação de desenvolver trabalhos sociais, distribuindo panfletos contra a violência em dias de jogos, organizando campanhas do agasalho, arrecadação e voluntariado, por entender que, enquanto torcedores, tinham o dever de "fazer festa", mas também uma "função social"[229]. O desenvolvimento de ações nesses moldes seria reproduzido posteriormente pelas demais torcidas organizadas, e não apenas no âmbito do Palmeiras.

Especialmente em fins da década de 1970, a TUP também já protagonizava a organização de reuniões com lideranças de torcidas organizadas de clubes rivais. Através do engajamento na ATOESP (Associação das Torcidas Organizadas do Estado de São Paulo), à época liderada por Flavio La Selva (um dos fundadores dos Gaviões da Fiel), a TUP colaborou com a criação de estatutos internos para outras torcidas[230], ao mesmo tempo que ajudava a organizar reuniões que visavam negociar condições para a convivência torcedora e inibir práticas violentas[231]. No nível internacional, por sua vez, a TUP participou do Congresso Mundial de Torcidas, re-

---

[226] Rodak, *op. cit.*, p. 11.
[227] *Idem*, p. 4.
[228] *Idem*, p. 19.
[229] *Idem*, p. 9.
[230] Canale, *op. cit.*, p. 38.
[231] Rodak, *op. cit.*, p. 8-9.

alizado em 1980 em Roma, de onde retornou com novas ideias sobre a visualidade da festa nas arquibancadas, como a introdução do uso de fumaça, do qual a torcida é pioneira no Brasil[232]. Para tanto, de acordo com o depoimento de Rodak, a TUP obteve um documento de reconhecimento da torcida da A. S. Roma, que utilizava tal recurso visual nas partidas de seu time, e, de volta ao Brasil, precisou conseguir autorizações junto à Marinha, à época responsável pelo uso de sinalizadores.

Torcidas organizadas e culturas juvenis

No mesmo período, diversas outras torcidas de cunho similar proliferaram nas arquibancadas palmeirenses, em geral formadas por grupos de amigos que se reuniam e levavam uma faixa para se identificar[233]. Embora nenhuma dessas torcidas configurasse, por si só, uma coletividade massiva, sua existência comum transformava a paisagem humana das arquibancadas, cada vez mais caracterizadas por uma mudança geracional[234]: a adesão de jovens periféricos às partidas de futebol, organizando-se em grupos para frequentá-las, aportou significativo volume humano para a formação das torcidas organizadas, vinculando-as diretamente ao amplo campo de manifestações culturais juvenis e periféricas estabelecido com força em São Paulo na década de 1980. De acordo com a socióloga Helena Wendel Abramo, o contexto abrigava uma diversificação do cenário juvenil, marcada pela perda de expressividade dos movimentos estudantis e uma notável proliferação de "manifestações produzidas

---

[232] *Idem*, p. 12.

[233] Há de se pontuar que, na atualidade, para além das torcidas organizadas presentes nas arquibancadas palmeirenses (Mancha Alviverde, TUP, Savoia, Rasta Alviverde e Pork's Alviverde) e dos coletivos políticos (discutidos na segunda parte deste livro), seguem existentes inúmeras agrupações que portam faixas e organizam reuniões torcedoras no entorno do estádio, além de fazerem-se presentes nas partidas.

[234] Canale, *op. cit.*, p. 42.

por grupos de origens sociais as mais distintas"[235]. Esse fenômeno vinha acompanhado de um aumento significativo do trabalho juvenil – apontado pelo Censo de 1980, com uma ocupação de 70% dos jovens entre 14 e 24 anos trabalhando nas zonas urbanas do país[236] – e da numerosa expansão de espaços voltados à diversão juvenil, especialmente à medida que tal grupo passava a ser compreendido como um "significativo contingente de consumidores"[237].

Se por um lado a possibilidade de frequentar partidas de futebol era garantida por um poder aquisitivo mínimo dessa juventude empregada que convertia-se em consumidora, ao mesmo tempo os efeitos da crise econômica vivenciada na virada da década de 1970 para a de 1980 se expressavam em uma contínua instabilidade no sustento de tais práticas de consumo e diversão pelas camadas juvenis, incidindo diretamente na emergência expressiva de modos próprios de "construir uma identidade em meio à intensa complexidade e fragmentação do meio urbano"[238]. Ainda que o aspecto econômico não deva ser entendido como o único e determinante marcador desse processo, José Manuel Valenzuela Arce assinala sua incidência impulsionadora para que a juventude periférica do contexto consolidasse redes socioculturais próprias, dotadas de "enorme capacidade convocatória"[239] e definidas por referenciais simbólicos particulares, a despeito de perseguições e marginalizações que buscavam reduzir esses grupos à "imagem ameaçadora de delinquência e crime"[240]. Dentre uma ampla diversidade de exemplos, podemos destacar a ascensão, em São Paulo, de subculturas como os já citados bailes *black* e sua influência no

---

[235] Helena Wendel Abramo. *Cenas juvenis: punks* e *darks* no espetáculo urbano. São Paulo: Editora Página Aberta, 1994, p. 55.
[236] *Idem*, p. 57-58.
[237] *Idem*, p. 60.
[238] *Idem*, p. 82.
[239] José M. Valenzuela Arce. *Vida de barro duro*: cultura popular juvenil e grafite. Trad. Heloísa B. S. Rocha. Rio de Janeiro: Editora UFRJ, 1999, p. 79.
[240] *Idem*, p. 79.

desenvolvimento subsequente do *hip hop*, além do movimento *punk* e uma infinidade de outros grupos, como "os carecas, os metaleiros, os *darks*, os *rappers*, os rastafáris, os *rockabillys*", evidenciando, de acordo com Abramo, "a grande diferenciação e fragmentação que atravessa a juventude"[241].

Nesse contexto, a ascensão de novas formas de sociabilidade, agrupamento e autorrepresentação formuladas pelas culturas juvenis é interpretada por Luiz Henrique Toledo como diretamente correlata ao processo de formação e consolidação das torcidas organizadas no meio futebolístico, visto que justamente no período das décadas de 1980 e 1990 que se confirmou a significativa expansão juvenil das fileiras de tais agrupamentos, chegando a triplicar o número de associados nos casos das organizadas de maior expressão[242]. A adesão massiva de jovens (especialmente de origem periférica) em sua composição parecia se estabelecer diretamente derivada das demandas simbólicas desses grupos sociais, cristalizando a diferenciação – atrelada à preferência clubística e à participação em uma coletividade – enquanto forma de construção da identidade e do pertencimento.

Muitas das interpretações sobre as culturas juvenis tendem a destacar sua fundamentação pautada por princípios excludentes e de oposição, particularmente presentes e perceptíveis nas inimizades e conflitos que se estabelecem entre os subgrupos: inseridas em um contexto marcado pela exacerbação de condutas mais individualistas e competitivas[243], tais manifestações visariam a composição de uma "identidade distintiva"[244], atravessada eventualmente pela adoção da transgressão e da violência. A demarcação da diferença, assumindo expressões mais violentas na forma

---

[241] Abramo, *op. cit.*, p. 83.
[242] Toledo, *op. cit.*, p. 232.
[243] *Idem*, p. 233.
[244] Abramo, *op. cit.*, p. 105.

do chamado *ganguismo*[245], eventualmente, se investia de camadas simbólicas e até mesmo ideológicas: é exemplo o caso do antagonismo entre os *punks* e os *carecas* em São Paulo, estabelecido com maior vigor à medida que, a partir de 1981, o movimento *punk* se veria atravessado pela adoção de uma "postura mais *politizada*, com a adesão a bandeiras pacifistas, antirracistas e de apoio a movimentos revolucionários"[246], em oposição à caracterização dos *carecas*, fundamentalmente atravessada por "posturas fascistas e racistas contra imigrantes, [...] também configurando um perfil reacionário, machista, nacionalista"[247].

No âmbito do futebol, por sua vez, embora a diferenciação se explicitasse no apoio ao clube de preferência, constituindo "uma preocupação-chave na identidade do indivíduo"[248] que se fundamentava também na existência da rivalidade, a dimensão de um comprometimento ético ou ideológico se apresentava de modo menos totalizante. Toledo destaca que as torcidas organizadas "não são definidas [...] somente em função de um *ethos* ou consumo obrigatório de um único estilo (de música, de adesão a um comportamento)", expressando uma condição democrática em que "a princípio, qualquer pessoa pode integrar (e, de fato, a integra) uma torcida. Ela pode ser de direita ou esquerda, velha ou moça, gostar de samba ou *rock*, gostar de brigar ou não"[249].

Na prática, é sabido que as condições dessa possibilidade formal de adesão aberta aos agrupamentos organizados carregam limites e tensões, construídos informalmente na vivência da sociabilidade torcedora: as contradições e os conflitos derivados dessa

---

[245] *Idem*, p. 110.
[246] *Idem*.
[247] *Idem*, p. 111.
[248] Richard Giulianotti. Fanáticos, seguidores, fãs e *flaneurs*: uma taxonomia de identidades do torcedor no futebol. *Recorde*: Revista de História do Esporte, v. 5, n. 1, jun. 2012, p. 16.
[249] Luiz Henrique Toledo. Transgressão e violência entre torcedores de futebol. *Revista* USP, São Paulo, n. 22, 1994, p. 99.

coexistência nos espaços torcedores originam disputas, muitas delas atravessadas pelo espectro da discursividade e imaginação política que orienta, por exemplo, a atuação dos coletivos que vamos discutir na segunda parte deste livro. Entretanto, a mera possibilidade formal da adesão livre ofereceu as condições para o surgimento de subgrupos diversos entre os torcedores, eventualmente atravessados por outros caracteres identitários que vieram a compor sua particularidade distintiva.

A Anarquia Verde

Nesse sentido, no contexto das culturas juvenis dos anos 1980, nos interessa destacar o caso da torcida Anarquia Verde, uma agrupação palmeirense formada em 1987 pela iniciativa de três jovens palmeirenses: Agnaldo Andriollo ("Magui"), Paulo Gomes ("Bodão") e Gerson Mosca ("Zé"). De acordo com entrevistas realizadas com Magui, o objetivo da torcida era reunir "[...] duas paixões: o Palmeiras e o movimento *punk*"[250], e o início de suas atividades, a princípio, se deu por iniciativa dos três integrantes: "[...] a gente morava tudo ali pertinho um do outro, e a gente curtia *punk* já, era de esquerda, filiado ao PT naquela época"[251]. As primeiras atividades se concentraram na produção de camisetas, e posteriormente, dos materiais (faixas e bandeiras) que levavam aos jogos: por já frequentarem os estádios junto às principais organizadas do contexto, Magui relata que a Anarquia Verde teve bastante liberdade para se incorporar a esse conjunto, além de contar com o apoio das demais a partir do momento em que iniciou suas atividades. A adesão de novos membros ao grupo foi crescendo rapidamente, especialmente porque, de acordo com o fundador, "o movimento [*punk*] estava muito em evidência na época"[252]. De tal modo, embora a Anarquia Verde tivesse se originado a partir da iniciativa de jovens

---

[250] Relato concedido por Magui em entrevista realizada em 11 mai. 2022.
[251] *Idem.*
[252] *Idem.*

punks da zona norte paulistana, reduto tradicional de integrantes dessa subcultura urbana²⁵³, suas fileiras contavam com integrantes de origens sociais e culturais diversificadas²⁵⁴.

À medida que o objetivo da torcida se expressava na conjunção de interesses que atravessavam o cotidiano desses jovens – música *punk* e torcer pelo Palmeiras –, o nome adotado, em si, já evidenciava a vinculação entre as duas subculturas juvenis, reforçada nos materiais criados para difundir a torcida. Dentre eles, o *flyer* – forma própria da divulgação de eventos e coletivos *punks*²⁵⁵ – incorporava-se à

Flyer "Não destrua o verde, junte-se a ele" da torcida uniformizada Anarquia Verde (reprodução do arquivo pessoal do autor).

---

²⁵³ Vide depoimentos de integrantes do movimento *punk* em seus primórdios, reunidos no documentário "Botinada: a origem do *punk* no Brasil". Ver: Botinada: a origem do *punk* no Brasil. Direção: Gastão Moreira. Brasil. ST2 Vídeo, 2006. 1 disco (DVD).

²⁵⁴ Em relatos concedidos em entrevista, Magui menciona, por exemplo, integrantes da região de Guaianases (bairro no extremo leste da cidade de São Paulo), a aproximação de palmeirenses de cidades do interior e até mesmo a amizade com torcedores do Vasco da Gama, levando à formação de uma torcida similar no Rio de Janeiro. Relatos concedidos em entrevista realizada em 11 mai. 2022.

²⁵⁵ Antonio Bivar. *O que é punk*. 5ª edição. São Paulo: Editora Brasiliense, 2001, p. 130. Sobre *flyers*, fanzines e outras formas próprias da imprensa independente que se proliferou sob a ética *punk* do "faça você mesmo", ver Stewart Home. *Assalto à cultura*: utopia, subversão, guerrilha na

cultura torcedora estabelecendo interlocuções entre os elementos simbólicos desses universos: é o que vemos na frase "não destrua o verde, junte-se a ele", particularmente a partir do duplo sentido atribuído ao "verde", referenciado como alusão ao Palmeiras, mas também reportando-se à preocupação ecológica, pauta particularmente difundida entre correntes politizadas do movimento *punk* em fins da década de 1980[256].

Outras referências do movimento e suas pautas também se incorporavam à caracterização própria da torcida, tais como o uso de coturnos, cabelos moicanos e outros aspectos da estética *punk*, além do enredamento dos hábitos e gostos: de acordo com Magui, "a gente saía de jogo e ia pra *show*, direto, de camiseta do Palmeiras"[257]. Simultaneamente, a transposição de referências discursivas também era experimentada na elaboração dos materiais da torcida, como a faixa "Pela paz nos estádios" que, de acordo com Magui, fora pensada a partir da referência da frase "Pela paz em todo mundo", título de álbum da banda *punk* Cólera[258].

Ao mesmo tempo, a presença de tais pautas coincidia com um viés politizado, destacado por Magui em relação às trajetórias pessoais de militância dos integrantes da torcida, muitos à época filiados ao PT (Partido dos Trabalhadores), e presentes em manifestações de rua[259]. Além disso, um dos princípios sustentados pela

---

(anti) arte do século xx. Trad. Cris Siqueira. 2ª edição. São Paulo: Conrad Editora do Brasil, 2005, p. 127.

[256] Um exemplar valioso da apropriação desta pauta pelo *punk* da década de 1980 é o álbum "Verde, não devaste!" da banda paulistana Cólera, considerado um clássico do gênero. Ver: Cólera. *Verde, não devaste!* São Paulo: Devil Discos, 1989. 1 LP.

[257] Relato concedido por Magui em entrevista realizada em 11 mai. 2022.

[258] Cólera. *Pela paz em todo mundo*. São Paulo: Ataque Frontal, 1986. 1 LP.

[259] Magui destaca a realização, à época, de manifestações no dia 7 de setembro em que diversos coletivos, gangues e agrupações *punks* reuniam-se para expressar suas ideias publicamente. Relato concedido por Magui em entrevista realizada em 11 mai. 2022.

Anarquia Verde era o de ser uma torcida "de todos, para todos"[260], acolhendo ampla diversidade entre suas fileiras, não apenas social e racialmente, mas, conforme destacado pelo fundador, também de orientações sexuais.

Assim como muitas outras agrupações torcedoras formadas no contexto, a Anarquia Verde manteve suas atividades por alguns anos – cerca de quatro ou cinco, de acordo com Magui –, mas logo caminhou para seu fim por conta dos demais compromissos e responsabilidades assumidos por seus integrantes no decorrer de suas trajetórias pessoais. Exemplos como o dessa torcida (particularmente localizados a partir da década de 1980), reforçam, entretanto, o repertório de evidências das interlocuções continuamente estabelecidas entre o ambiente futebolístico e as discussões e práticas sociopolíticas próprias do contexto particular das culturas juvenis de sua época. A despeito de certa insistência discursiva herdada do regime militar, no senso comum, que visava desvincular o futebol dos debates políticos, o exercício micropolítico da criação de agrupações torcedoras revelava, no âmbito das arquibancadas, a continuidade das relações entre o domínio esportivo e os debates politizados. Simultaneamente, esses exemplos também assinalam a notável configuração do ambiente torcedor palmeirense, entre as décadas de 1970 e 1980, como um laboratório vivo de práticas de agrupamento e identificação juvenil.

A ascensão dos conflitos violentos

Concomitantemente a essa proliferação de agrupações, entretanto, a década de 1980 também foi o período de ascensão de conflitos entre torcedores rivais, em que a própria "[...] discussão sobre o fenômeno da violência no futebol adquiriu maior relevância na crônica esportiva e na imprensa em geral"[261]. Tratando-se do período em que se consolidava definitivamente o modelo das torci-

---

[260] Relato concedido por Magui em entrevista realizada em 11 mai. 2022.
[261] Toledo, *op. cit.*, 1994, p. 94.

das organizadas na cidade de São Paulo, modelos explicativos para a questão se desdobraram observando aspectos estruturais dessas novas entidades torcedoras, como o seu caráter *militarizado*[262], ao mesmo tempo que vinculavam a violência a "fatores economicistas (a miséria como a causa determinante da violência), [...] à 'natureza violenta' do povo brasileiro ou ainda às 'patologias individuais' dos torcedores"[263], conforme identificado por Toledo. Especialmente na década seguinte, a atenção dos legisladores seria atraída pelo fenômeno da violência entre torcidas organizadas, que passariam a ser vistas como "um problema dentro e fora dos estádios"[264], e diretamente reprimidas por instrumentos legais, tais como componentes incluídos no Estatuto do Torcedor[265]. Simultaneamente, novos procedimentos policiais seriam adotados, enfocando uma perspectiva ostensiva de combate e confronto que veio a transformar a paisagem dos estádios e seus arredores em verdadeiras "praças de guerra"[266], incorporando-se à mesma lógica violenta do fenômeno sobre o qual seu objetivo primeiro seria, supostamente, impedir[267].

Fato é que, no contexto de ascensão dos conflitos entre as torcidas, a violência e a transgressão ganhavam significados próprios no universo torcedor, apresentando-se como forma de identificação, "espetáculo ou paroxismo"[268], e eventualmente mobilizando

---

[262] Hollanda, *op. cit.*, p. 115.
[263] Toledo, *op. cit.*, 1994, p. 94.
[264] Marcelo Faria Guilhon. Sob a pena da lei: princípios constitucionais, o Estatuto do Torcedor e o cerco às torcidas organizadas no Brasil. In: Bernardo Buarque de Hollanda; Onésimo Rodríguez Aguilar. *Torcidas organizadas na América Latina*: estudos contemporâneos. Rio de Janeiro: 7Letras, 2017, p. 76.
[265] *Idem*, p. 97.
[266] Marcos Alvito. A madeira da lei: *gerir* ou *gerar* a violência nos estádios brasileiros? In: Bernardo Buarque de Hollanda; Heloisa Helena Baby dos Reis (Orgs.). *Hooliganismo e Copa de 2014*. Rio de Janeiro: 7Letras, 2014, p. 40.
[267] *Idem*, p. 49.
[268] Toledo, *op. cit.*, 1994, p. 101.

significados e objetivos políticos, ainda que, conforme salientado pelo antropólogo Luiz Henrique Toledo, sem jamais circunscrever-se exclusivamente a nenhuma dessas dimensões, nem tampouco à esfera exclusiva das torcidas organizadas[269]. Nos termos do antropólogo Roberto Da Matta, as novas formas violentas também constituiriam uma das diversas facetas da *dramatização*[270] que caracterizaria as relações estabelecidas entre a população brasileira e o futebol, à medida que os domínios do esporte se caracterizariam como palco dessa expressão ressignificada de aspectos presentes nas demais esferas da mesma sociedade: desde tal perspectiva, as torcidas não constituiriam fenômeno isolado, mas "uma expressão de determinados padrões comportamentais presentes na sociabilidade da vida cotidiana"[271], conforme proposto pelo cientista social Marcelo Guilhon.

A violência torcedora, de tal modo, demandaria uma interpretação aguçada que a percebesse para além dos limites do ambiente futebolístico, vislumbrando seus significados atravessados por outras dinâmicas, tais como o "processo de banalização da violência e da transgressão observado nos grandes centros urbanos brasileiros"[272] que as insere cotidianamente num "espetáculo performático e de massa"[273]. Simultaneamente, tal interpretação não poderia deixar, obviamente, de atentar aos aspectos especificamente vinculados aos códigos próprios da convivência torcedora, inserindo-os em uma interlocução com os elementos analíticos referentes a outras esferas da sociedade. Se por um lado a bibliografia especializada no tema ressalta os caracteres próprios do universo

---

[269] *Idem*, p. 100.
[270] Roberto Da Matta. Antropologia do óbvio: notas em torno do significado social do futebol brasileiro. *Revista USP*, São Paulo, n. 22, 1994, p. 16.
[271] Guilhon, *op. cit.* p. 83.
[272] Toledo, *op. cit.*
[273] *Idem*.

futebolístico que poderiam aquecer o cenário de inimizades, tais como "os problemas estruturais dos estádios; os encontros ocasionais das caravanas de torcedores pela cidade; o roubo de faixas, bandeiras e outros adereços"[274], por outro não se pode ignorar o aumento da violência urbana enquanto componente da realidade brasileira dessa época, de forma mais ampla, com indicadores de aumento de homicídios, crimes contra o patrimônio, circulação de armas de fogo[275]. Nesse sentido, embora a violência no futebol não fosse um fenômeno surgido especificamente no contexto, constando o registro de eventos violentos que remetem às primeiras décadas de consolidação do circuito esportivo no país[276], o complexo conjunto de condições estabelecido a partir da década de 1970 – e com maior intensidade a partir da década de 1980 – faria emergir um novo e específico cenário de violência torcedora.

Uma sensível percepção das transformações operadas nesse âmbito é tecida por Thomaz Farkas, fotógrafo e cineasta que produziu, entre os anos de 1977 e 1980, o documentário *Todomundo*, dedicado à reflexão sobre os significados do futebol na sociedade brasileira. No filme, a narrativa assinala a escalada de comportamentos violentos no universo futebolístico, estabelecendo comparações entre ascendentes modos mais brutos de jogar, os conflitos nas arquibancadas e mudanças nas práticas de policiamento. Imagens de entradas duras, carrinhos e faltas entre jogadores acompanham a locução, que versa sobre a nova geografia dos estádios – com portões e setores separados para as torcidas dos diferentes times, além de espaços reservados às uniformizadas – e faz referência à fala do Papa João Paulo II, que à época também pedia o fim da violência no futebol[277].

---

[274] Canale, *op. cit.*, p. 44.
[275] *Idem*.
[276] Guilhon, *op. cit.*, p. 87.
[277] Todomundo. Direção: Thomaz Farkas. Brasil. Thomaz Farkas Documentários, 1980. In: Box projeto Thomaz Farkas. Videofilmes, 2009. 7 discos (DVD).

Os efeitos disso, no âmbito da torcida palmeirense, verificavam-se agravados pelas condições específicas da escassez de títulos que caracterizou o período entre o título estadual de 1976 e o ano de 1993, ocasião em que o Palmeiras voltaria a sagrar-se campeão paulista após vitória por 4 a 0 contra o rival Corinthians. Relatos da época assinalam a recorrência de um adverso cenário de provocações e até mesmo ataques violentos a torcedores palmeirenses, num momento em que tais manifestações assumiam protagonismo como novas formas de rivalidade. Essas condições configuraram a ambientação crucial para o surgimento de diversas torcidas palmeirenses caracterizadas por um comportamento mais agressivo, expressivamente visível em seus nomes, como Falange Verde, Comando Alviverde, Brigada Verde, entre outras[278]. Em entrevista concedida à *Revista Placar* em 1985, o presidente da Brigada Verde, José Bernardo Cambler Nava, declarava: "a torcida do Palmeiras cansou de ser boazinha"[279], evidenciando a penetração de tal reorientação na atuação torcedora palmeirense. Mesmo a TUP, até então caracterizada ao longo de sua trajetória por uma defesa da paz nos estádios, reconhecia que "as brigas eram uma das realidades que tinham que enfrentar"[280], chegando a afirmar, em fins da década de 1980, que "um pouquinho só de violência não faz mal a ninguém"[281].

A Mancha Verde

Em 11 de janeiro de 1983, por sua vez, se deu a fundação da torcida organizada Mancha Verde, a partir da reunião de integrantes de três torcidas já existentes: Império Verde, Inferno Verde e Grêmio Alviverde. A organizada era fundada "com um só intuito, restabelecer o

---

[278] Hollanda; Favero, *op. cit.*, 2017.a.
[279] A guerrilha dos verdes. *Placar*, São Paulo, 15 mar. 1985, p. 32–33, citado por Canale, *op. cit.*, p. 42.
[280] Canale, *op. cit.*, p. 43.
[281] A guerrilha dos verdes. *Placar*, São Paulo, 15 mar. 1985, p. 32–33, citado por Canale, *op. cit.*, p. 44.

respeito à torcida do Palmeiras"[282], conforme as palavras de um de seus fundadores e ex-presidentes, Cleofas Sóstenes Dantas da Silva. O "guerreiro Cleo", como seria lembrado posteriormente pelos integrantes da torcida após seu assassinato em circunstâncias não esclarecidas, em 1988[283], era conhecido por ser extremamente "apaixonado pelo clube e exímio brigador"[284], tanto no ambiente das torcidas organizadas palmeirenses quanto entre os rivais. A noção de "respeito", sustentada em sua fala enquanto premissa da atuação da Mancha Verde, caracterizava-se por uma conotação específica no contexto, como convém destacar: conforme demonstrado pelo historiador Vitor Canale, se até meados da década de 1970 tal ideia correspondia fundamentalmente a certo espírito de cooperação entre torcidas rivais[285], a partir da década de 1980 se consolidaria uma concepção "baseada na ideia de ser temido, na capacidade de submeter o adversário ou se fazer respeitar pela violência"[286].

Ao longo das quase quatro décadas posteriores de existência da entidade[287], por sua vez, tal noção – sustentada como um valor im-

---

[282] A frase proferida por Cléo foi dita em edição do programa *Show de Bola*, da TV Gazeta, em 1988. Na ocasião, membros da Mancha Verde e da Torcida Tricolor Independente, do São Paulo, participaram do programa de perguntas e respostas, e chegaram a se enfrentar no lado de fora dos estúdios, na Avenida Paulista. Ver: Canale, Vitor; Bernardo Buarque de Hollanda. Histórias do associativismo torcedor no Brasil (III): ATOESP. *Portal da Associação Nacional das Torcidas Organizadas do Brasil – ANATORG*. Disponível em: anatorg.com.br/historias-do-associativismo-torcedor-no-brasil-iii-o-caso-da-atoesp/ (acesso em 23 abr. 2022).
[283] Guilhen, *op.cit.*, p. 88.
[284] Canale, *op. cit.*, p. 48.
[285] *Idem*, p. 45.
[286] *Idem*, p. 46.
[287] Após a "Batalha campal do Pacaembu" (ocorrida em 1995), a Mancha Verde foi proibida de frequentar os estádios por uma portaria da Federação Paulista de Futebol. Em maio do ano seguinte, foi juridicamente extinta por inquérito do promotor Fernando Capez. Em 1997, após reformulação

portante entre os torcedores organizados – evidentemente passaria a assumir outras possibilidades semânticas: em fevereiro de 2022, por exemplo, após sua participação assídua nas arquibancadas de Abu Dhabi durante o Mundial de Clubes da FIFA disputado pelo Palmeiras, a Mancha Verde recebeu um prêmio de reconhecimento conferido por organizadores do evento, e, em nota publicada em suas redes sociais para relatar a premiação, identificou o reconhecimento do protagonismo torcedor na competição como mais um atestado do "respeito" imposto pela atuação da entidade[288].

No cenário particular das animosidades entre torcedores rivais da década de 1980, entretanto, a noção de "respeito" referia-se explicitamente a garantias de integridade física para o torcedor palmeirense no cotidiano da cidade. Isso se verifica nos depoimentos de outros membros fundadores da torcida, como Paulo Serdan, que, em entrevista, afirmava que "nós costumávamos dizer que foi um mal necessário, porque a torcida do Palmeiras, antes da criação da Mancha, era uma torcida muito escorraçada. Era uma torcida que apanhava de todo mundo. Era uma torcida desacreditada"[289]. Nos anos seguintes, a ascensão dos confrontos violentos entre integrantes de organizadas levou à consolidação de códigos próprios desse universo torcedor, especialmente em seus espaços e condições próprias de enfrentamento (a *pista*, conforme nomeado por eles). As

---

da diretoria e do estatuto, integrantes da organizada conseguiram registrar em cartório a refundação da entidade, sob a alcunha de "Mancha Alviverde". Ver: "Palmeirenses recriaram a Mancha Verde". *Folha de S. Paulo*, 27 dez. 1997. Disponível em: www1.folha.uol.com.br/fsp/1997/12/27/esporte/4.html (acesso em 25 abr. 2022).

[288] "Mancha Alviverde recebe homenagem do Conselho Esportivo de Abu Dhabi por apoio ao Palmeiras no Mundial. *Nosso Palestra*, 14 fev. 2022. Disponível em: nossopalestra.com.br/palmeiras/noticias/mancha-alviverde-recebe-homenagem-do-conselho-esportivo-de-abu-dhabi-por-apoio-ao-palmeiras-no-mundial/ (acesso em 28 abr. 2022).

[289] Citado por Guilhen, *op. cit.*

brigas, a princípio, não eram destituídas de valores ou noções de respeito, conforme relatado pelo torcedor Marcelo Lima, da TUP:

> [...] brigava, brigava mesmo, bati mesmo, bati muito mesmo, apanhei também, mas nunca a gente foi covarde, nós da turma nunca deixava ninguém bater até a morte, muito menos roubar o tênis. Mas era uma briga de... de momento, não que se arrastava para a vida do dia a dia"[290].

A ascensão e a consolidação de tal cenário de enfrentamentos, entretanto, logo se tornou objeto central de impressões tecidas nos veículos de imprensa do contexto. A especial atenção das coberturas jornalísticas aos episódios de violência influenciou significativamente na estigmatização das torcidas organizadas enquanto entidades violentas, imputando-lhes um papel desordeiro[291], bem como de um imaginário sobre o estádio enquanto ambiente inseguro para o torcedor comum. O cenário se agravaria especialmente a partir de 20 de agosto de 1995, ocasião em que um enfrentamento entre torcedores de Palmeiras e São Paulo transformou o Estádio do Pacaembu em uma praça de guerra, de onde centenas de torcedores saíram feridos, e um torcedor são-paulino foi morto. O episódio, denominado a partir de então como "batalha campal do Pacaembu"[292], se estabeleceu como marco determinante para uma série de medidas tomadas pelo poder público contra a violência torcedora, particularmente visando restringir a atuação das organizadas. Suas atividades foram proibidas por ordem judicial

---

[290] Marcelo Moisés Moura Lima. *Marcelo Moisés Moura Lima* (depoimento, 2015). Rio de Janeiro, CPDOC/Fundação Getulio Vargas (FGV), 2019, p. 5.
[291] Guilhen, *op. cit.*, p. 93.
[292] Carlos Alberto Máximo Pimenta. Violência entre torcidas organizadas de futebol. *São Paulo em Perspectiva*, v. 14, n. 2, São Paulo, abr./jun. 2000, p. 3.

ao longo de alguns anos²⁹³, e mesmo quando retomadas passaram a ser objeto contínuo de vigilância e repressão policial e jurídica²⁹⁴. Ao mesmo tempo, sabidamente, tais medidas não impediram a ocorrência de novos confrontos, igualmente violentos, bem como um aumento de mortes de torcedores envolvidos neles²⁹⁵.

Festa torcedora

A atenção enfática da opinião pública sobre a questão da violência, infelizmente, ofuscava as demais dimensões características do ambiente torcedor do contexto, tais como a festividade impulsionada pelas organizadas. Ao longo da década de 1980 e no princípio dos anos 1990, verificava-se a continuidade aprimorada de aspectos estéticos e musicais introduzidos anteriormente – cantos, coreografias, bandeiras e faixas – e o investimento em novos elementos, como a intensificação da padronização (o "mar branco" dos torcedores uniformizados da Mancha Verde, por exemplo²⁹⁶), e os famigerados "bandeirões"²⁹⁷. No ambiente torcedor palmeirense, esse período é

---

[293] *Idem*, p. 10.

[294] Alvito, *op. cit.*, p. 50.

[295] Felipe Tavares Paes Lopes. Dimensões ideológicas do debate público acerca da violência no futebol brasileiro. *Revista Brasileira de Educação Física e Esporte*, v. 27, n. 4, São Paulo, out./dez. 2013, p. 600.

[296] Ver entrevista concedida por Pepe Reale, importante e histórico quadro da Mancha Verde, ao programa de *podcast Podporco*, na qual o torcedor comenta: "o Cleo, ele tinha isso muito firme. Ele falava: o Palmeiras é verde e branco. Time de verde, torcida de branco. Uma coisa completa a outra". Ver: *Podporco #38*. Locução de Gabriel Amorim e Eun Kim. São Paulo: Podporco, 7 mai. 2022. Disponível em: www.youtube.com/watch?v=Wd7E3lcHrHM (acesso em 17 mai. 2022).

[297] Em 1992 a Mancha Verde estreou o "maior bandeirão do mundo", com a extensão de 80 m x 40 m, na final do Campeonato Paulista contra o São Paulo Futebol Clube. De acordo com publicação realizada pela página oficial da entidade em redes sociais, esse bandeirão chegou a ser

interpretado como um momento crucial de gestação de formas particularmente palmeirenses de fazer festa nas arquibancadas, com a consolidação de uma estética própria a partir da diferenciação e do antagonismo com as torcidas dos clubes rivais.

Não à toa, circula na atualidade, entre diversas coletividades torcedoras, um certo tom nostálgico na referência às arquibancadas de princípios da década de 1990, reproduzida discursivamente também por torcedores de épocas posteriores que, mesmo sem terem vivido a experiência, a admiram a partir de seus registros (fotográficos e audiovisuais) e das histórias que circulam de boca em boca nos ambientes torcedores. No caso específico do Palmeiras, acrescenta-se ainda a ambientação territorial dessa festa torcedora: o antigo Estádio Palestra Itália, ou Parque Antarctica, bem como as dependências do clube social, que, após a demolição e as reformas conduzidas na década de 2010, consolidaram-se também como aspectos de rememoração nostálgica, identificados com certa noção de um "futebol raiz" também caracterizado pelo valor acessível dos ingressos e, consequentemente, pela diversidade popular verificada entre o público torcedor presente nas partidas[298].

Essa nostalgia torcedora se ampara, por um lado, em algumas transformações materiais deflagradas nos modos de torcer: proibições definidas pelo poder público foram afastando dos estádios, ao longo dos anos, a presença de elementos esteticamente impressionantes na constituição visual das torcidas, como as bandeiras de mastro e os sinalizadores de luz e fumaça. Ao mesmo tempo, a presença das faixas de identificação, bem como dos uniformes tradicionais e até mesmo instrumentos, é objeto de permanente negociação entre

---

referenciado no Guinness Book (o livro dos recordes). Ver: Mancha Verde. *O maior bandeirão do mundo.* 5 ago. 2021. Facebook. Disponível em: www.facebook.com/watch/?v=196649119112080 (acesso em 28 abr. 2022).

[298] Aspectos referentes à reforma e reconstrução do estádio na década de 2010 e os imaginários a respeito dele enquanto território torcedor serão discutidos no capítulo 6.

os representantes das torcidas junto aos comandos da Polícia Militar, e a suspensão de sua liberação é utilizada como forma de punição após situações de violência entre torcedores. Ainda que tais medidas continuem se mostrando ineficazes no combate de episódios violentos[299], especialmente à medida que as penas se aplicam coletivamente após episódios individuais e isolados de violência[300], a recorrência de sua adoção resulta em um progressivo esvaziamento da densidade visual das arquibancadas, o que reforça os tons comparativos com os tempos rememorados de forma nostálgica da década de 1990.

Entretanto, é digna de menção a vivacidade das culturas torcedoras reinventadas e sustentadas pelas entidades organizadas, mesmo em tempos de restrições. Dentro dos estádios (inclusive em jogos em que o Palmeiras é visitante), o empenho das torcidas organizadas – com evidente protagonismo da numerosa Mancha Verde – segue explorando elementos visuais como o uso de bexigas, faixas de plástico, mosaicos, bandeirões e coreografias, além da bateria, das faixas de identificação e da padronização. Fora das arquibancadas, por sua vez, uma estética própria da torcida – aliada à sociabilidade e à transposição de modos de torcer para as ruas – caracteriza todo o entorno do estádio palmeirense como uma territorialidade de profunda identidade torcedora, conforme demonstrado pela antropóloga Mariana Mandelli em seu estudo sobre a arena Allianz Parque e suas proximidades[301].

De tal modo, é visível como a intensidade do vínculo estabelecido entre os torcedores e o clube Palmeiras também produz novos fenômenos socioculturais que mantêm a dinamicidade das culturas torcedoras para além da reprodução de formas consolidadas de torcer ou da rememoração de tempos aparentemente mais gloriosos.

---

[299] Guilhon, *op. cit.*, p. 96.
[300] Alvito, *op. cit.*, p. 50.
[301] Mariana Carolina Mandelli. *Allianz Parque e Rua Palestra Itália*: práticas torcedoras em uma arena multiúso. Dissertação de Mestrado. São Paulo, Faculdade de Filosofia, Letras e Ciências Humanas da Universidade de São Paulo, 2018.

Torcedores palmeirenses junto a integrantes da TUP e outras torcidas organizadas celebram a conquista do Campeonato Brasileiro em 25 de novembro de 2018, na Rua Palestra Itália. Destaque para a bandeira de mastro da TUP. Foto do autor.

Além da Mancha Verde, torcidas organizadas fundadas entre a década de 1990 e a década de 2010, como a Pork's Alviverde (fundada em 1991), a Acadêmicos da Savóia (fundada em 2004) e a Rasta Alviverde (fundada em 2013), estabeleceram suas sedes em ruas próximas ao estádio[302], e lá realizam suas atividades, ocupando-as diretamente com a festa torcedora. Assumindo a forma de uma insistência criativa, povoam essas ruas com bandeiras de mastro que se agitam, sinalizadores que se acendem massivamente nas mãos

---

[302] Mandelli, *op. cit.*, p. 117.

de multidões torcedoras e rojões que ressoam antes, durante e depois dos jogos. Ao ritmo das baterias, os torcedores cantam como se estivessem dentro do estádio, apoiando e empurrando o time rumo à vitória; mas não deixam de confrontar-se permanentemente com novas medidas de repressão, restrição e contenção, que demandam continuamente o exercício de sua criatividade, conforme trataremos de forma mais aprofundada no sexto capítulo deste livro, particularmente dedicado a essas dinâmicas.

Torcedores comemoram a conquista da Copa Libertadores da América em 30 de janeiro de 2021, na Rua Palestra Itália, com sinalizadores, cantos e bandeiras. Destaque para a bandeira de mastro da torcida Acadêmicos da Savóia. Foto do autor.

PARTE 2
PALMEIRENSES EM LUTA PELA DEMOCRACIA

4. Fascismos de quermesse, antifascismos de arquibancada

Na primeira parte deste livro, nos dedicamos a esmiuçar a história da Sociedade Esportiva Palmeiras de uma perspectiva a *contrapelo*, que expusesse os traços de seu atravessamento por experiências de construção democrática, bem como da expressa defesa da diversidade e a afirmação das diferenças enquanto componentes constitutivos da trajetória do clube. Vimos que tais aproximações, conforme apresentado nestes três capítulos dedicados a percorrer praticamente um século de história, se produziram de formas profundamente variadas e contextuais, além de carregarem, em si, os múltiplos significados da própria ideia de democracia. De tal modo, se por um lado essa multiplicidade de experiências parece reunir um sentido comum, sua própria variedade (por vezes tão contextual) reforça a *historicidade* delas.

Isso nos ajuda, conceitualmente, a diferenciar a percepção de tais atravessamentos em relação a qualquer ideal de uma *genética* democrática palmeirense: esse recurso simples e tão poderoso, manuseado com frequência pelas narrativas oficiais, antagoniza com a perspectiva que adotamos aqui, desinteressada da invenção de tradições[303] ou "essências", discursos estáticos e a-históricos que legitimem uma trajetória política a partir de sua mitificação. Não se trata, afinal, de demonstrar que o Palmeiras *sempre foi* democrático: caminhando junto da perspectiva de Walter Benjamin, nossa articulação histórica do passado interessa-se, antes, por "apropriar-se de uma reminiscên-

---

[303] Eric Hobsbawm. A invenção das tradições. In: Eric Hobsbawm; Terence Ranger (Orgs.). *A invenção das tradições*. Trad. Celina Cardim Cavalcante. Rio de Janeiro: Paz e Terra, 1984.

cia tal como ela relampeja no momento de um perigo"³⁰⁴, mobilizando os atravessamentos históricos como potentes fluxos constituintes diante de uma conjuntura atribulada. Mas a que conjuntura, ou nos termos de Benjamin, a qual "perigo" nos referimos na elaboração deste livro? Que desassossego nos convoca a escovar a contrapelo a história política do clube de forma a articular experiências democráticas do passado às práticas políticas do presente?

Palmeirenses contra Bolsonaro

Desde o ano de 2018, ocasião em que a eleição de Jair Bolsonaro à presidência da República foi atravessada por um reaquecimento das discussões a respeito dos fascismos, o Palmeiras passou a se destacar como objeto de um debate similar, inicialmente situado em ambientes torcedores³⁰⁵. Embora a presença de uma militância antifascista entre as fileiras torcedoras palmeirenses já se verificasse anteriormente³⁰⁶, o reavivamento da discussão a respeito de possíveis vinculações do clube Palmeiras a distintas noções de fascismo – tanto histórico quanto em suas formas contemporâneas – foi particularmente impulsionado por episódios atrelados ao contexto da disputa presidencial.

---

[304] Walter Benjamin. *Magia e técnica, arte e política*: ensaios sobre literatura e história da cultura. Trad. Sérgio Paulo Rouanet. 8ª edição. São Paulo: Brasiliense, 2012, p. 243.

[305] Alguns aspectos selecionados desta disputa serão discutidos ao longo do capítulo, de acordo com os objetivos que orientam a elaboração deste texto. Para uma abordagem cronológica mais detalhada, entretanto, sugiro a leitura da introdução de minha dissertação de mestrado. Ver: Micael L. Z. Guimarães. *O Palestra Italia em disputa*: fascismo, antifascismo e futebol em São Paulo (1923–1945). Dissertação de Mestrado, São Paulo, Faculdade de Filosofia, Letras e Ciências Humanas, Universidade de São Paulo, 2021, p. 13–16.

[306] O coletivo Palmeiras Antifascista, discutido a seguir de forma mais aprofundada, foi fundado em 2014.

O uso do termo *fascista* por distintos grupos e setores da esquerda brasileira para referenciar Bolsonaro, em si, reavivou o debate sobre os próprios significados históricos e políticos do fascismo, bem como a difusão cada vez mais ampla de seu uso em discussões políticas. No circuito futebolístico, há de se pontuar, o mesmo momento histórico fomentava o surgimento de inúmeras "torcidas antifascistas" pelo Brasil afora[307], as quais procuravam estabelecer uma atuação enfática contra a candidatura de Bolsonaro através do manuseio de redes sociais e manifestações de rua[308]. No âmbito específico do Palmeiras, por sua vez, episódios particularmente atrelados ao contexto da campanha presidencial produziram uma disputa narrativa intensa acerca das aproximações e distanciamentos do clube em relação à figura de Bolsonaro, que delineamos cronologicamente a partir do dia 16 de setembro de 2018, quando o atleta Felipe Melo dedicou ao então candidato à disputa presidencial um gol marcado contra o Bahia, em partida pelo Campeonato Brasileiro.

Consideramos esse acontecimento um marco de destaque (na configuração do contexto de disputas palmeirenses em relação a Bolsonaro) pelas imediatas reações que desencadeou, tais como a nota publicada pelo coletivo Palmeiras Antifascista, que exigia a saída de Melo e considerava sua ação uma tentativa desonesta de utilizar o clube como "plataforma para disseminar o fascismo [...] e ideais de intolerância"[309], e a publicação coletiva de um manifesto

---

[307] Ver os dados sobre o surgimento de torcidas antifascistas nas regiões Norte, Nordeste, Centro-Oeste e Sul do país no ano de 2018, coletados por Vitor Gomes. *A militância político-torcedora no campo futebolístico brasileiro*. Dissertação de Mestrado, Faculdade de Ciências Sociais (FCS), Universidade Federal de Goiás, Goiânia, 2020, p. 92–98.

[308] Felipe Borba; Nathalia Borges. As torcidas antifascistas no Brasil: um estudo sobre o ativismo *online* nas eleições de 2018. *Anais do 44º Encontro Anual da* ANPOCS. São Paulo, 1º–11 dez. 2020, p. 4.

[309] Citado por "Grupo de torcedores repudia homenagem de Felipe Melo a Bolsonaro e cobra atitude do Palmeiras". *Torcedores*, 16 set. 2018. Disponível em:˜www.torcedores.com/noticias/2018/09/torcedores-

de "Palmeirenses contra o fascismo", organizado por coletivos de torcedores de esquerda como Porcomunas, Palmeiras Livre e Porcominas, além da própria Palmeiras Antifascista. O manifesto se colocava como uma resposta pública a "acontecimentos recentes envolvendo a imagem pública da Sociedade Esportiva Palmeiras", expressando um "posicionamento público contra a onda fascista que se ergue e sua nefasta representação eleitoral"[310] (identificada na figura de Jair Bolsonaro), e contou com assinaturas de renome, como o economista e ex-presidente do clube Luiz Gonzaga Belluzzo, o neurocientista Miguel Nicolelis, o ator Marco Ricca, e músicos/as como Wilson Simoninha, Maria Gadú e João Gordo.

No início de outubro do mesmo ano, por sua vez, o jornal argentino *Clarín* publicou uma matéria indicando relações genéricas entre a presença de bolsonaristas no Palmeiras – não apenas torcedores e simpatizantes, mas também atletas como Felipe Melo – e um suposto passado fascista da agremiação, pouco esmiuçado e apresentado sem qualquer solidez documental ou historiográfica[311]. Na ocasião, o direito de resposta foi concedido à Sociedade Esportiva Palmeiras, que publicou uma carta rechaçando vínculos com quaisquer ideologias políticas ou partidárias. O posicionamento oficial do clube ainda destacava a diversidade de orientações políticas existentes na torcida, mencionando até mesmo a existência do coletivo Palmeiras Antifascista, e ressaltava o protagonismo histórico da agremiação na popularização do futebol em

---

repudia-homenagem-felipe-melo-bolsonaro-palmeiras (acesso em 26 mar. 2021).

[310] Ver "Palmeirenses assinam manifesto contra o fascismo". *Rede Brasil Atual*, 21 set. 2018. Disponível em: www.redebrasilatual.com.br/esportes/2018/09/palmeirenses-assinam-manifesto-contra-o-fascismo/ (acesso em 26 mar. 2020).

[311] Ver "La disputa política llega al fútbol: la hinchada del "Palmeiras" se declara bolsonarista". *Clarín*, 5 out. 2018. Disponível em: www.clarin.com/mundo/disputa-politica-llega-futbol-palmeira-abraza-candidato-favorito_0_v1ejgY8nA.html (acesso em 4 mar. 2021).

São Paulo, indicando a presença operária na fundação do clube e sua abertura a sócios e torcedores sem qualquer "restrição de etnia, de gênero ou de classe social"[312].

Semanas depois, no dia 28 de outubro do mesmo ano, Jair Bolsonaro foi eleito presidente, após derrotar em segundo turno o candidato petista Fernando Haddad. A concretização de sua eleição não arrefeceu os ânimos intensos de polarização e antagonismo político estabelecidos na sociedade brasileira, que, assumindo novas formas, perdurariam ao longo dos anos seguintes na consolidação de um campo amplo de oposição ao qual progressivamente se incorporaram novos atores, dentre eles muitos que haviam apoiado a candidatura de Bolsonaro e sua campanha antipetista em 2018. Mas, para além dessa nova reorganização dos espectros políticos no nível nacional, no contexto específico do pós-eleição também permaneceu vigente a animosidade que caracterizara o período de campanha, manifestando-se na forma de uma polarização entre grupos que seria percebida, igualmente, no âmbito futebolístico.

No caso particular da torcida palmeirense, um novo episódio de aproximação da imagem de Bolsonaro ao clube viria a se reunir ao elenco de situações de disputa (acima referenciadas) vividas nos momentos que circundavam a eleição presidencial. No final de 2018, após confirmar-se matematicamente como campeão brasileiro no dia 25 de novembro (em partida vencida contra o Vasco da Gama no Rio de Janeiro), o Palmeiras ainda jogou contra o Vitória em casa, no dia 2 de dezembro, ocasião em que ocorreu a premiação oficial da CBF (Confederação Brasileira de Futebol). O evento contou com a presença e a participação direta de Jair Bolsonaro, já eleito presidente, que protagonizou a entrega da taça

---

[312] Ver "Palmeiras tem direito de resposta no Clarín após texto que relacionava o clube com o fascismo na 2ª Guerra". *Lance!*, 9 out. 2018. Disponível em: www.lance.com.br/palmeiras/tem-direito-resposta-clarin-apos-texto-que-relacionava-clube-com-fascismo-guerra.html (acesso em 4 mar. 2021).

de campeão brasileiro ao Palmeiras, vestiu a camisa do clube e posou junto aos jogadores da equipe. Dias depois, em entrevista concedida a um programa de rádio, o presidente da agremiação, Maurício Galiotte, assumiria a responsabilidade pelo ocorrido, justificando-se pelo fato de Bolsonaro afirmar-se palmeirense e assinalando que o convite fora desprovido de qualquer conotação política[313]. Após reafirmar tal posição em entrevista concedida em junho de 2019[314], o mandatário palmeirense apresentaria uma mudança de posição apenas no início de 2021, quando afirmaria em nova entrevista que "nunca procuramos Bolsonaro", e que sua participação na premiação do campeonato brasileiro conquistado pelo Palmeiras fora definida e orientada pela CBF[315].

O evento, extremamente mal recebido por indivíduos e setores progressistas da torcida, permanece sendo considerado uma espécie de "chaga" recente na memória palmeirense, conforme relatado pelo conselheiro palmeirense Marcos Gama[316]. O reconhecido agitador cultural Alessandro Buzo, responsável pela organização do Sarau Suburbano, é um exemplo dentre inúmeros palmeiren-

---

[313] Ver "Galiotte explica Bolsonaro em festa do título e revela emoção do presidente eleito: 'estava sendo torcedor'". *Torcedores*, 12 dez. 2018. Disponível em: www.torcedores.com/noticias/2018/12/galliote-explica-bolsonaro-em-festa-do-titulo-e-revela-emocao-do-presidente-eleito-estava-sendo-torcedor (acesso em 24 mai. 2022).
[314] Ver: "Galiotte justifica Bolsonaro em festa e aprova Leila como sucessora no Palmeiras". *Sportv*, 29 jun. 2019. Disponível em: sportv.globo.com/site/programas/grande-circulo/noticia/grande-circulo-galiotte-justifica-bolsonaro-em-festa-e-aprova-leila-como-sucessora-no-palmeiras.ghtml (acesso em 24 mai. 2022).
[315] Ver: "Da obsessão à libertação". UOL *Esporte*, 4 fev. 2021. Disponível em: www.uol.com.br/esporte/reportagens-especiais/galiotte-fala-sobre-morte-do-pai-e-compara-libertadores-a-nascimento-dos-filhos/#cover (acesso em 24 mai. 2022).
[316] Relato concedido por Marcos Gama em entrevista realizada em 16 mar. 2022.

ses que sentiram sabor de derrota durante celebração da conquista do título brasileiro: em relato publicado recentemente, Buzo conta que, naquele dia,

> Deixei a arquibancada antes do fim da festa, não só pela presença do Bolsonaro em campo, usando a imagem do Palmeiras para se promover, sendo populista. Mas principalmente porque a maioria no setor que eu estava aplaudia a presença dele. Nunca, nem em derrotas clássicas, me senti tão deslocado na nossa casa, em meio à nossa torcida. […] acho que o Bolsonaro jamais deveria ter sido convidado e isso será eternamente um fato negativo na nossa gloriosa história. A diretoria deveria ter pensado na parte da torcida que não compactua com fascista[317].

Imediatamente após a premiação do campeonato, uma nova carta pública foi organizada pelos mesmos coletivos políticos envolvidos no manifesto "Palmeirenses contra o fascismo", criticando diretamente a aproximação institucional do clube com a figura do presidente Bolsonaro que o evento denotava. A lista de assinaturas desse novo texto, além de computar grupos e nomes que já figuravam no manifesto anterior, também contou com a adesão de outros intelectuais, artistas e figuras públicas, além de novos coletivos torcedores e diversos conselheiros da Sociedade Esportiva Palmeiras[318].

Tal articulação – entre coletivos, intelectuais, figuras públicas e conselheiros progressistas do clube – se intensificou no período seguinte, expressando-se na realização de novas ações e na ela-

---

[317] Alessandro Buzo. *Torcida que canta e vibra*. São Paulo: 1s Editora, 2022, p. 64.

[318] Ver "Palmeirenses ilustres enviam carta de repúdio por presença de Bolsonaro". UOL *Esporte*, 05 dez. 2018. Disponível em: www.uol.com.br/esporte/futebol/campeonatos/brasileiro/serie-a/ultimas-noticias/2018/12/05/palmeirenses-ilustres-enviam-carta-de-repudio-por-presenca-de-bolsonaro.htm (acesso em 27 mar. 2021).

boração de manifestos e notas conjuntas: em janeiro de 2021, por exemplo, às vésperas da final da Copa Libertadores entre Palmeiras e Santos, a ser realizada no Estádio do Maracanã, uma carta pública dirigida ao então presidente da agremiação, Mauricio Galiotte, foi publicada em diversos veículos de mídia, pressionando o mandatário palmeirense a agir contra a vinculação da imagem do clube com a figura de Bolsonaro novamente. O alcance da articulação política dos setores progressistas palmeirenses se expressava no alcance obtido pela carta (especialmente no circuito politicamente alinhado a suas posições), que chegou a ser noticiada até mesmo no *Granma*, órgão de imprensa oficial do Partido Comunista de Cuba[319]. A preocupação central apresentada na carta referia-se à possibilidade de que o presidente decidisse comparecer à partida, de público extremamente restrito por conta da pandemia da Covid-19, e voltasse a mobilizar politicamente uma aproximação de sua imagem com a do clube alviverde. Entretanto, por fatores de força política ou por escolha pessoal, Bolsonaro não compareceu à partida, e o Palmeiras sagrou-se, na ocasião, bicampeão da Copa Libertadores da América.

Futebol e política durante a pandemia da Covid-19

A pandemia da Covid-19, de forma mais ampla, foi determinante para uma reordenação do cenário de aproximações e antagonismos entre a imagem da agremiação palmeirense e a figura de Jair Bolsonaro. A nível institucional, resquícios de uma proximidade (ainda que meramente cordial) entre o clube e o presidente foram se dissolvendo através das discordâncias entre as percepções, práticas e ações conduzidas por ambos em relação ao cenário pandêmico. Internamente, a gestão de Maurício Galiotte imediatamente encarou a seriedade da pandemia – em suas dimensões sanitárias e sociais –

---

[319] "Seguidores del Palmeiras se niegan a que la imagen del club brasileño de fútbol sea vinculada con Jair Bolsonaro". *Granma*, 26 jan. 2021.

com a determinação de não promover nenhuma demissão de funcionários durante o período, o fomento e a organização de campanhas de arrecadação voltadas ao apoio social de grupos fragilizados pela pandemia, a realização de campanhas como o "Sangue verde e amarelo" – realizada nas dependências do Allianz Parque e voltada à coleta de sangue para hemocentros afetados pela pandemia – e o programa de responsabilidade social intitulado "Por um futuro mais verde", através do qual a agremiação disponibilizou suas redes e canais de comunicação para divulgar o trabalho de organização e iniciativas diversas de combate à pandemia e seus efeitos[320].

Em âmbito pessoal, o presidente Maurício Galiotte chegou a realizar testes extras após encontrar-se com Bolsonaro em reuniões durante a pandemia, das quais o presidente fazia questão de participar sem utilizar máscara de proteção[321]. No referente à retomada das atividades futebolísticas, por sua vez, o Palmeiras manteve uma postura de prudência, ocasionalmente posicionando-se contra a retomada apressada das competições[322] e a realização de partidas sem o cumprimento estrito de protocolos referentes à testagem dos atletas[323], sustentando uma postura técnica e de

---

[320] Ver: "Veja 10 ações tomadas pelo Palmeiras durante a pandemia da Covid-19". *Gazeta Esportiva*, 31 mai. 2020. Disponível em: www.gazetaesportiva.com/times/palmeiras/veja-10-acoes-tomadas-pelo-palmeiras-durante-a-pandemia-e-covid-19/ (acesso em 24 mai. 2022).

[321] Ver: "Após encontro com Bolsonaro, Galiotte resolve repetir exame para Covid". *Gazeta Esportiva*, 7 jul. 2020. Disponível em: www.gazetaesportiva.com/times/palmeiras/apos-encontro-com-bolsonaro-galiotte-planeja-repetir-exame-para-covid/ (acesso em 16h20).

[322] Ver: "Em ação conjunta, quatro grandes de SP pedem volta dos jogos em agosto". UOL, 25 jun. 2020. Disponível em: www.uol.com.br/esporte/futebol/ultimas-noticias/2020/06/25/corinthians-palmeiras-sao-paulo-e-santos-querem-voltar-a-jogar-em-agosto.htm (acesso em 24 mai. 2022).

[323] Ver: "Protocolo de Covid e preparação: por que o Palmeiras se posicionou contra jogo na terça-feira". *Globo Esporte*, 23 mar. 2021. Disponível em: ge.globo.com/futebol/times/palmeiras/noticia/noticias-

permanente alinhamento aos consensos estabelecidos no debate científico e às orientações das autoridades sanitárias[324].

A gestão de Bolsonaro, em contrapartida, foi denunciada publicamente diversas vezes por organizações da sociedade civil, partidos e grupos políticos, por uma postura de descaso perante os avanços das contaminações e mortes causadas pelo vírus no país[325]. A conversão da pandemia da Covid-19 em elemento de disputa simbólica e ideológica por discursividades situadas politicamente à esquerda e à direita, em nível global, manifestou-se no cenário nacional diretamente nas declarações e ações do presidente diante de temas como o uso de máscaras, vacinação, isolamento social e quarentena. Afirmações pouco empáticas ao cenário dramático da pandemia, utilizando-se de termos como "superdimensionado" e "gripezinha"[326], bem como a resposta grosseira "não

---

palmeiras-contra-jogo-paulistao-volta-redonda-covid-preparacao-protocolo.ghtml (acesso em 24 mai. 2022).

[324] Ver: "Palmeiras pede 'isonomia' em decisão sobre volta de público aos estádios. UOL, 22 set. 2020. Disponível em: www.uol.com.br/esporte/futebol/ultimas-noticias/2020/09/22/palmeiras-torcida-estadio.htm (acesso em 24 mai. 2022).

[325] Tais denúncias, formalizadas por diversas organizações, associações e entidades ao longo de todo o período pandêmico, transcenderam o debate público e dirigiram-se diversas vezes diretamente a órgãos internacionais como o Tribunal de Haia, o Tribunal Penal Internacional e a Organização das Nações Unidas (ONU). Ver: "Bolsonaro é denunciado na ONU por descaso do governo federal na pandemia". *Cultura*, 16 mar. 2021. Disponível em: cultura.uol.com.br/noticias/17650_denuncia-onu.html (acesso em 25 mai. 2022); e "Relatório da CPI da Covid embasa nova denúncia contra Bolsonaro no Tribunal Penal Internacional". *Brasil de Fato*, 11 nov. 2021. Disponível em: www.brasildefato.com.br/2021/11/11/relatorio-da-cpi-da-covid-embasa-nova-denuncia-contra-bolsonaro-no-tribunal-penal-internacional (acesso em 25 mai. 2022).

[326] Ver: "Relembre frases de Bolsonaro sobre a covid-19". BBC *News Brasil*, 7 jul. 2020. Disponível em: www.bbc.com/portuguese/brasil-53327880

sou coveiro"[327] diante de perguntas sobre o número de mortos pela pandemia, impactaram negativamente sua popularidade, assim como a ausência de medidas contundentes e coordenadas de combate ao avanço da pandemia. Isso levou à eclosão de manifestações contra o presidente, ocorridas durante os meses de março e abril de 2020 na forma de "panelaços" realizados nas janelas de casas e apartamentos em algumas das principais cidades do país[328], e também nas ruas em momentos posteriores da pandemia[329].

No âmbito futebolístico, além de insistir na defesa de retomada dos jogos e competições já em abril de 2020, utilizando-se da controvérsia a respeito das medidas de contenção da pandemia para estabelecer antagonismos com governadores opositores[330] e afirmando que a paralisação do futebol contribuía para a consolidação de um cenário de "histeria"[331], Bolsonaro abriu as portas do país para a realização da Copa América em 2021, organizada pela Conmebol, após as recusas de Argentina e Colômbia em se-

---

(acesso em 24 mai. 2022).

[327] "'Não sou coveiro, tá?', diz Bolsonaro ao responder sobre mortos por coronavírus. *G1*, 20 abr. 2020. Disponível em: g1.globo.com/politica/noticia/2020/04/20/nao-sou-coveiro-ta-diz-bolsonaro-ao-responder-sobre-mortos-por-coronavirus.ghtml (acesso em 24 mai. 2022).

[328] Ver: "Bolsonaro é alvo de panelaço no Rio e em São Paulo pelo 12º dia seguido". *O Globo*, 28 mar. 2020. Disponível em: oglobo.globo.com/politica/bolsonaro-alvo-de-panelaco-no-rio-em-sao-paulo-pelo-12-dia-seguido-24336332 (acesso em 25 mai. 2022).

[329] As manifestações convocadas pelo Coletivo Somos Democracia, entre maio e junho de 2020 (detalhadas a seguir), são exemplos da escalada de atos contra o presidente Bolsonaro e sua condução política perante o avanço da pandemia da Covid-19.

[330] Ver "Bolsonaro usa o futebol para forçar relaxamento da quarentena". *El País Brasil*, 29 abr. 2020. Disponível em: brasil.elpais.com/esportes/2020-04-29/bolsonaro-usa-o-futebol-para-forcar-relaxamento-da-quarentena.html (acesso em 24 mai. 2022).

[331] *Idem*.

diar a competição por razões sanitárias relativas ao contexto ainda inseguro da pandemia da Covid-19[332]. A decisão recebeu notável oposição, tanto de forças políticas institucionais – como os governos estaduais de diversas localidades previstas para a realização das partidas e partidos políticos que se mobilizaram para impedir judicialmente a realização do evento – quanto de organizações e movimentos sociais responsáveis pela difusão de campanhas contra a "Cepa América" ou a "Copa da morte", alcunhas criticamente atribuídas ao evento[333]. A própria Seleção Brasileira, a princípio, esboçou timidamente um ensaio de oposição à realização do evento, rapidamente sufocado e desmobilizado, resultando apenas na divulgação de uma contida nota que procurava desvincular a competição esportiva de qualquer conotação política, e reafirmava o compromisso da equipe em disputar o torneio, do qual saiu derrotada na final pela seleção rival da Argentina[334].

Se os efeitos das posturas assumidas por Bolsonaro no âmbito do futebol parecem ter contribuído, de uma forma ou de outra, para o aumento do desgaste de sua gestão em meio ao cenário pandêmico[335], no campo movediço dos jogos e relações políticas

---

[332] Ver: "Conmebol, CBF e governo Bolsonaro: um triângulo na pandemia". *Placar*, 31 mai. 2021 (atualizado em 23 set. 2021). Disponível em: placar.abril.com.br/placar/conmebol-cbf-e-governo-bolsonaro-um-triangulo-na-pandemia/ (acesso em 24 mai. 2022).

[333] À época, escrevi a respeito das manifestações realizadas contra a realização do evento para o portal inglês FLAF – *Football Lads and Lasses against Fascism*. Ver: Micael Zaramella. "Against the Death Cup: political struggles around the Copa América in Brazil". FLAF – *Football Lads and Lasses against Fascism*, 7 jul. 2021. Disponível em: flaf.org.uk/political-struggles-around-the-copa-america-in-brazil/ (acesso em 24 mai. 2022).

[334] Hugo Albuquerque. "A ditadura e o futebol: primeira como tragédia, agora como farsa". *Jacobin Brasil*, 9 jun. 2021. Disponível em: jacobin.com.br/2021/06/a-ditadura-e-o-futebol-primeiro-como-tragedia-agora-como-farsa/ (acesso em 24 mai. 2022).

[335] Ver: "Copa América: oposição a Bolsonaro abre ofensiva contra torneio

da gestão futebolística o saldo da diferença expressiva entre as posturas sustentadas pela Sociedade Esportiva Palmeiras e pela gestão de Bolsonaro, no contexto, parece ter se expressado de forma significativa no progressivo distanciamento estabelecido pelo presidente em relação à agremiação. Ainda que ocasionalmente seguisse proferindo declarações em que se afirmava palmeirense, bem como fazendo aparições públicas vestindo a camiseta do clube, a agenda de frequência do presidente a estádios progressivamente reduziu os compromissos no Allianz Parque, e ele passou a frequentar partidas de outras equipes por mais vezes.

Além disso, sua aproximação política com figuras mandatárias de outras agremiações, como o Clube de Regatas do Flamengo[336], por sua vez, também se desdobrou em uma adesão de tonalidade supostamente torcedora, esboçada na presença em algumas partidas da equipe, bem como em suas declarações às vésperas da final da Copa Libertadores de 2021 (disputada por Palmeiras e Flamengo), nas quais Bolsonaro afirmou que torceria pelo rubro-negro carioca[337]. Na ocasião, seu afastamento da agremiação alviverde – que terminou vitoriosa e sagrou-se tricampeã do torneio continental – foi celebrado por torcedores/as progressistas palmeirenses juntamente à vitória obtida em campo, conforme evidenciado por vídeos da festa torcedora no entorno do estádio palmeirense, no dia da final, em que uma multidão palmeirense entoava o canto de "ei, Bolsonaro, vai tomar no cu"[338].

---

na Justiça e na CPI da Covid". BBC *News Brasil*, 31 mai. 2021. Disponível em: www.bbc.com/portuguese/brasil-57311351 (acesso em 24 mai. 2022).

[336] Ver: "Como o Flamengo se tornou instrumento da extrema direita". *El País Brasil*, 18 nov. 2019. Disponível em: brasil.elpais.com/brasil/2019/11/13/deportes/1573670771_370418.html (acesso em 24 mai. 2022).

[337] "'Somos todos Flamengo', diz Bolsonaro sobre final da Libertadores contra o Palmeiras". ESPN *Brasil*, 26 nov. 2021. Disponível em: www.espn.com.br/futebol/artigo/_/id/9581176/somos-todos-flamengo-bolsonaro-final-libertadores-palmeiras (acesso em 24 maio 2022).

[338] Vídeo publicado pelo coletivo Antifa Hooligans BR em sua página

Articulações torcedoras

Assim como as aproximações entre Bolsonaro e a Sociedade Esportiva Palmeiras pareceram esvaziar-se progressivamente, em âmbito institucional, ao longo de seu mandato – especialmente durante o contexto da pandemia –, um fortalecimento significativo das articulações anteriormente referenciadas entre coletivos e agentes politizados na esfera torcedora avançou e se fortaleceu no mesmo período. No capítulo seguinte, apresentaremos uma descrição mais detalhada a respeito da atuação dos diferentes coletivos existentes na torcida palmeirense, destacando seus campos e horizontes de atuação, um histórico de ações realizadas e também os significados concebidos por seus integrantes a respeito de suas tarefas militantes na defesa de valores democráticos. Algumas de suas ações conjuntas, entretanto, merecem um destaque antecipado na composição da exposição que procuramos apresentar, no presente capítulo, acerca das forças políticas que reivindicam um antagonismo às discursividades e práticas neofascistas, e protagonizam diretamente a disputa dos imaginários de identidade palmeirense buscando desvinculá-los de qualquer aproximação – histórica ou no presente – com o fascismo e com valores antidemocráticos.

Nesse sentido, para além das já mencionadas cartas e manifestos concebidos e publicados por essas redes de ação política, convém destacar sua presença nas ruas e arquibancadas. Embora diversos coletivos torcedores já realizassem ações e participassem de manifestações anteriormente, a partir de 2019 sua articulação conjunta começou a se expressar com maior força, como na realização de uma ação no estádio palmeirense em 31 de outubro de

---

na rede social Instagram. Ver: "Torcida do Palmeiras hostiliza Bolsonaro após conquista do título". *Antifa Hooligans BR*, 30 nov. 2021. Disponível em: www.instagram.com/reel/CW6-HFQAUD2/?utm_source=ig_web_copy_link (acesso em 25 maio 2022).

2019 em homenagem a Marielle Franco, realizada por integrantes dos coletivos Palmeiras Antifascista, Porcomunas e Palmeiras Livre[339], em data marcada pela realização de diversas manifestações com a mesma pauta em outras localidades do país[340].

Ação realizada pelos coletivos Palmeiras Antifascista, Porcomunas e Palmeiras Livre em homenagem à memória de Marielle Franco, em outubro de 2019. Arquivo pessoal do autor.

A pandemia da Covid-19 deflagrada no Brasil no ano seguinte, por sua vez, contextualizou o aprofundamento de tais articulações

---

[339] Ver publicação realizada pelo coletivo Palmeiras Antifascista, em 31 de outubro de 2019, em sua página na rede social Instagram. Disponível em: www.instagram.com/p/B4Q_KmZH8xi/?utm_source=ig_web_copy_link (acesso em 25 maio 2022).

[340] Ver: "Protesto na Avenida Paulista questiona 'quem matou Marielle e Anderson'". *G1*, 31 out. 2019. Disponível em: g1.globo.com/sp/sao-paulo/noticia/2019/10/31/protesto-na-avenida-paulista-questiona-quem-matou-marielle-e-anderson.ghtml (acesso em 25 mai. 2022).

através da realização de ações comuns de apoio mútuo, como o preparo e a distribuição de marmitas para a população de rua realizados pelo coletivo Porcomunas, com apoio e participação de integrantes de outros coletivos palmeirenses[341], e a arrecadação de itens básicos e alimentos destinados à Terra Indígena do Jaraguá[342] e a Terra Indígena Tenondé Porã, ambos localizados na cidade de São Paulo, protagonizada pela Palmeiras Antifascista e fortalecida com a adesão e o apoio de outros coletivos[343]. Nos meses de maio e junho de 2020, por sua vez, os torcedores e torcedoras reunidos em diversos coletivos políticos palmeirenses aderiram às manifestações de rua convocadas pelo Coletivo Somos Democracia, das quais também participaram grupos torcedores do rival Corinthians[344] em blocos separados, conferindo significativo protagonismo às organizações torcedoras na linha de frente da oposição às políticas do governo Bolsonaro. Contribuindo com gestos, estéticas e corporeidades próprias do ambiente das arqui-

---

[341] Ver: "Torcidas organizadas promovem ações sociais durante a pandemia". *Rede Brasil Atual*, 2 jun. 2020. Disponível em: www.redebrasilatual.com.br/cidadania/2020/06/torcidas-organizadas-doacoes/ (acesso em 25 maio 2022).

[342] Nos meses de maio e junho de 2020, a torcida organizada Mancha Verde também realizou a arrecadação e doação de alimentos na Terra Indígena do Jaraguá, junto a outras ações de apoio social realizadas em comunidades carentes da cidade de São Paulo. Ver nota oficial da entidade, divulgada em suas redes sociais. Disponível em: www.instagram.com/p/CAoxyoLJfOU/?igshid=YmMyMTA2M2Y= (acesso em 25 maio 2022).

[343] Ver notas publicadas pelo coletivo Palmeiras Antifascista em sua página na rede social Instagram. Disponível em: www.instagram.com/p/CBsp72uHf67/?igshid=YmMyMTA2M2Y= (acesso em 25 maio 2022).

[344] Ver "Torcedores do Corinthians aplaudem palmeirenses em manifestação pela democracia e contra Bolsonaro". *Portal Torcedores* 14 jun. 2020. Disponível em: tps://www.torcedores.com/noticias/2020/06/torcedores-se-unem-protesto-contra-bolsonaro (acesso em 8 abr. 2021).

bancadas, os grupos torcedores afirmavam mais uma vez a centralidade simbólica do futebol no cenário político nacional, assim como já ocorrido anteriormente em outros contextos de mobilização e manifestações de rua no país[345], e protagonizavam a primeira demonstração pública de oposição a Bolsonaro se contrapondo às manifestações organizadas por seus simpatizantes desde o início da pandemia.

Palmeirenses em manifestação convocada pelo coletivo Somos Democracia, em junho de 2020. Créditos: Meia Cancha FC (reprodução/Facebook).

O bloco palmeirense nas manifestações de maio e junho de 2020 contou com a adesão de membros de organizadas, torcedores/as comuns e integrantes dos coletivos Porcomunas, Palmeiras Antifascista e o recém-criado Movimento Palestra Sinistro[346], que, para além do posicionamento contra as políticas do governo Bol-

---

[345] Flavio de Campos. O lulismo em campo: aspectos da relação entre esportes e política no Brasil. In: Gilberto Maringoni; Juliano Medeiros (Orgs.). *Cinco mil dias*: o Brasil na era do lulismo. São Paulo: Boitempo Editorial; Fundação Lauro Campos, 2017, p. 246.

[346] Mais detalhes sobre os coletivos e sua atuação serão apresentados no capítulo seguinte.

sonaro no contexto da pandemia, também ocuparam o ambiente das manifestações estabelecendo a disputa de pautas simbólicas próprias, com a demarcação e a afirmação de uma perspectiva antifascista palmeirense. A preocupação com as vinculações estabelecidas entre os imaginários sobre a torcida palmeirense e quaisquer ideias difusas de "fascismo" se consolidava novamente como uma das linhas de ação dos diversos coletivos, conforme se percebe, por exemplo, na entrevista concedida por um integrante anônimo do Movimento Palestra Sinistro à antropóloga Mariana Mandelli, que afirma que

> [...] sempre houve uma perseguição por parte da mídia burguesa e de alguns rivais que, já na época do Palestra Itália, perseguiam o clube e os torcedores com mentiras e agressões aos "italianinhos". Tentaram tomar o nosso estádio na Segunda Guerra Mundial, fizeram o clube mudar de nome e hoje tentam manchar nossa história e da nossa torcida que também tem histórico de lutas na esquerda, desde a Greve Geral de 1917[347].

Evidencia-se que, para além de preocupações com pautas e questões políticas relativas às esferas mais amplas da sociedade brasileira, os torcedores e torcedoras reunidos nos coletivos políticos palmeirenses também têm clareza sobre uma tarefa própria e específica de disputa acerca dos imaginários sobre o próprio clube. Uma disputa simbólica que se dá no presente, através da realização contínua de ações condizentes com seu espectro político e da adesão a manifestações e articulações que transcendem os domínios da esfera futebolística, mas que também se debruça sobre o passado, sobre a memória do clube, conforme demonstrado pelas

---

[347] Mariana Mandelli. Palestra Sinistro: palmeirenses progressistas contra a despolitização. *Ludopédio*, São Paulo, v. 138, n. 18, 2020. Disponível em: www.ludopedio.com.br/arquibancada/palestra-sinistro-palmeirenses-progressistas-contra-a-despolitizacao/ (acesso em 27 mar. 2021).

referências manuseadas pelo integrante do Movimento Palestra Sinistro entrevistado.

Ao mesmo tempo, a correlação entre essas pautas e a construção de ações políticas pelos coletivos palmeirenses também impulsiona, para além da participação em manifestações mais amplas, a realização de atos próprios que estabeleçam um diálogo específico com o ambiente torcedor em que se inserem. É o caso do importante evento "Do Palmeiras faremos Palmares", realizado na quadra da TUP na véspera do dia 20 de novembro de 2021, e dedicado à discussão da pauta antirracista. Construído a partir de um esforço conjunto de integrantes dos diferentes coletivos palmeirenses e torcidas organizadas, o evento contou com presenças bastante diversas, como o agitador cultural Alessandro Buzo, a porta-bandeira Adriana Gomes (da Escola de Samba Mancha Verde), o ativista e jornalista Pedro Borges, representantes dos coletivos Palestra Sinistro, Porcomunas e Palmeiras Antifascista e o próprio presidente da TUP, Marcelo Lima. Conforme relatado por Lucas Daiki, um dos principais articuladores do evento,

> [...] a gente já vinha ali numa sequência de ações menores, com bandeiras, criando uma relação da hora ali na TUP, ao mesmo tempo em que já vinham acontecendo vários atos. Desde aquele lá de maio de 2020, que a gente se organizou, depois outro maior em junho... só que a gente queria sair um pouco dessa agenda, sabe, desses atos, principalmente do que virou depois ali, meio que palanque dos partidos, que pelo menos era algo que me incomodava[348].

Do conjunto dessas vivências e percepções surgiu a motivação para a construção de um ato entre palmeirenses, voltado à própria torcida, e que mobilizasse a discussão antirracista em torno da data de 20 de novembro (em que se celebra o Dia da Consciência

---

[348] Relato concedido por Lucas Daiki em entrevista realizada em 14 jun. 2022.

Negra). Nas palavras de Daiki, um ato "para dar a nossa versão também, do nosso Palmeiras, o Palmeiras que a gente acredita", e que simultaneamente se caracterizasse por ser "[...] um ambiente de resistência, um ambiente onde as pessoas pretas se sentissem parte do bagulho, e outras minorias também"[349].

---

[349] *Idem.*

Imagens do evento "Do Palmeiras faremos Palmares", realizado em 19 de novembro na quadra da Torcida Uniformizada do Palmeiras, com participação e presença de diversos coletivos, torcidas e organizações. Fotos do autor.

Dentre as preocupações que orientaram a construção do evento, iniciada cerca de dois meses antes, destacava-se a decisão de desvincular as peças de comunicação e convites da pauta do "Fora Bolsonaro", dominante em outros ambientes do campo político da esquerda. Tal preocupação se definia, em parte, à medida que integrantes dos coletivos percebiam um desgaste do *slogan* enquanto força de mobilização para os atos e manifestações. Simultaneamente, para Daiki, era importante que se consolidasse um alinhamento claro em relação ao tema e objetivo do evento, também voltado a expandir o debate antirracista e o combate a diversas formas de opressão entre as fileiras torcedoras palmeirenses:

> Se a gente quer fazer um bagulho para o pessoal dos nossos coletivos, a gente faz de porta fechada, tá ligado?! Isso que foi legal, a gente fez um bagulho de porta aberta, e colou uma pá de gente que não tinha nada a ver com os coletivos, que às vezes só acompanhava na rede social, ou até uma molecada lá da torcida que nem acompanhava o nosso coletivo de forma alguma e conheceu, sabe. Deu pra mostrar que a gente tem voz, tem força... e deu pra muita gente que estava ali no ato se sentir fortalecido, sabe, tipo "porra mano, eu não estou sozinho". Foi legal porque a gente acabou conhecendo muita gente ali, e até pela relação com a torcida. A gente tem que agitar onde tá o torcedor: na rua, na torcida... acho que foi isso que mais motivou, pelo menos para mim.

A abertura do evento, conforme relembrado por Daiki, se deu com o hino do Palmeiras sendo cantado pelos torcedores e torcedoras presentes ao som da bateria da TUP: "como o Marcelão falou, a gente tá aqui reunido pra falar de Palmeiras, então tem que falar de Palmeiras mesmo. Se é um evento do Palmeiras, a gente canta o hino"[350]. Tal gesto, aliado à realização do evento na sede de uma torcida organizada e toda a caracterização do evento com as cores do clube, faixas e bandeiras, realça a relevante particularidade de seu enredamento da discussão antirracista à perspectiva específica da torcida. De tal modo, o evento configurou-se não apenas como um marco da articulação comum de palmeirenses politicamente implicados na pauta em questão, mas também de

---

[350] *Idem.*

seu cruzamento com outras temáticas desde uma perspectiva profundamente atrelada à própria vivência torcedora e à construção política no ambiente futebolístico.

Conforme assinalamos anteriormente, esse enredamento constituído nas práticas dos coletivos políticos formados por torcedores e torcedoras palmeirenses ambienta-se no bojo de uma disputa, fundamentalmente dirigida às possíveis associações estabelecidas entre o clube e o espectro político da extrema direita, que no âmbito específico dos manuseios discursivos possíveis da história palmeirense, evocam com frequência o emprego de associações quase automáticas entre fascismo e *italianidade* (aspecto componente na formação da Società Sportiva Palestra Italia, conforme discutido no primeiro capítulo). Em entrevista concedida a Mariana Mandelli, um integrante do coletivo Porcomunas indica tal preocupação, bem como a postura do grupo em relação à pauta:

> Todos os clubes têm uma maioria de dirigentes conservadores e de direita. Essa pecha contra o Palmeiras é em razão da fundação italiana. Mas o clube foi fundado por imigrantes e não investidores italianos. Essa questão nós temos resolvido mostrando a verdadeira história, as perseguições, o jogo contra o Corinthians para arrecadar fundos para movimentos operários, etc.[351]

Ainda que denunciada há tempos por sua frágil fundamentação em estereótipos e anacronismos[352], a utilização apressada de tal

---

[351] Mariana Mandelli. Porcomunas: por um Palmeiras mais inclusivo e combativo. *Ludopédio*, São Paulo, v. 141, n. 44, 2021. Disponível em: ludopedio.org.br/arquibancada/porcomunas-por-um-palmeiras-mais-inclusivo-e-combativo/ (acesso em 25 mai. 202).

[352] Ver, por exemplo, o texto do torcedor palmeirense Ivan Rodrigues intitulado "O Palmeiras não foi criado pelo racismo", que busca responder a publicações de grupos torcedores rivais em redes sociais, amparando-se na bibliografia disponível, à época, sobre a história do clube. Publicado em 2019, o texto circulou amplamente entre grupos de

tipo de associação permanece vigente, conforme já sinalizado pela reportagem publicada no periódico argentino *Clarín* em outubro de 2018, anteriormente referenciada. A noção de que um ambiente atravessado por referenciais constitutivos vinculados à coletividade imigrante italiana se configure como fértil receptáculo para a proliferação de orientações políticas neofascistas parece anteceder-se à própria investigação consistente sobre o fenômeno. De tal modo, os casos eventualmente mencionados em discussões entre torcedores/as a respeito da presença de neofascistas nos ambientes palmeirenses, bem como das próprias interpretações sobre as aproximações ensaiadas por Bolsonaro em relação ao clube, em determinado momento, parecem suspender sua atenção perante presenças equivalentes em outros ambientes clubísticos e futebolísticos. O saldo, evidentemente, é um enfraquecimento das perspectivas de luta que buscam superar o clubismo, atualmente vigentes na prática de diversos coletivos e torcidas antifascistas, e também de organizações e confederações nas quais esses grupos se reúnem para elaborar ações conjuntas[353].

Na perspectiva de integrantes do coletivo Porcomunas (em entrevista realizada para a elaboração deste livro), o papel das ações

---

palmeirenses como fonte de argumentos para refutar as acusações de que o clube tivesse sua história atravessada pelo racismo e/ou simpatia pelo fascismo. Ver: Ivan Rodrigues. O Palmeiras não foi criado pelo racismo! *Medium*, 9 abr. 2019. Disponível em: ivanrodrigves.medium. com/o-palmeiras-n%C3%A30-foi-criado-pelo-racismo-c3ece203a1c5 (acesso em 24 mai. 2022).

[353] Exemplos destas articulações vêm acontecendo há tempos, algumas de forma mais efêmera, outras sustentando uma atuação mais consistente e contínua. Entre outras, podemos citar iniciativas como a *Frente Futebol Popular*, a TAU – *Torcidas Antifascistas Unidas* e, no nível internacional, a rede *La Voz del Sur*, que reúne coletivos e torcidas antifascistas dos diversos países latino-americanos. A atuação dos coletivos progressistas e antifascistas palmeirenses junto a essas frentes, redes e organizações será referenciada nos próximos capítulos de forma mais detalhada.

práticas e diretas dos coletivos políticos palmeirenses no combate a tais associações apressadas (e eventualmente desonestas) é tão relevante quanto a disputa narrativa que se dá, sobretudo, nos meios virtuais. Um dos integrantes do coletivo relata:

> Eu acho que os coletivos tiveram um papel fundamental de começar a tirar essa imagem do Palmeiras. Tem muita gente que insiste. Mas em quantos atos que só estava a gente de time na rua, sabe? As atitudes dizem por si só. Ações que a gente faz, de repercussão, e quem não assimila é por maldade, não por falta de visibilidade. Todo mundo viu que a gente já desmentiu, já desmitificou o bolsonarismo[354].

Diante do problema posto, evidentemente circundado pela questão das identidades clubísticas e os componentes mobilizados em suas construções, os coletivos políticos de torcedores/as palmeirenses frequentemente procuram empenhar-se na afirmação de outros imaginários, transcendendo os chamados *italianismos de quermesse*[355] que concebem o Palmeiras fundamentalmente enquanto um "clube de italianos": no bojo de muitas de suas ações postas em prática, verificamos a incidência de uma disputa narrativa que se aproxima da conjuração, realizada na primeira parte deste livro, dos atravessamentos históricos da trajetória da Socie-

---

[354] Relato concedido por integrante do coletivo Porcomunas, em entrevista realizada no dia 7 jun. 2022.

[355] No ano de 2021, em episódio do programa de *podcast Identidade Palmeiras*, dialoguei com o torcedor Luã Rebollo e os apresentadores Alberto Cerri, Paulo Dias e Pedro Chaves a respeito dos significados em torno dessa noção, amplamente utilizada por torcedores/as para referenciar o viés italiano que por vezes atravessa a imaginação das identidades palmeirenses. Ver: *Identidade Palmeiras #03*: Líder na Liberta e no BR Fem + "Italianismos" e o Palmeiras de Todos. Locução de Alberto S. Cerri, Paulo Dias e Pedro Chaves. Disponível em: anchor.fm/identidadepalmeiras/episodes/03--Lder-na-Liberta-e-no-BR-Fem--Italianismos-e-o-Palmeiras-de-Todos-e1ohc68 (acesso em 25 maio 2022).

dade Esportiva Palmeiras pela defesa de valores democráticos. Um movimento que, simultaneamente, busca inspirações e referenciais nos eventos do passado – possibilitando, por exemplo, a evocação comparativa das disputas antifascistas da década de 1920 diante das tentativas de aproximação bolsonarista delineadas no presente –, e também alimenta a constituição dos devires das lutas do presente: nos termos defendidos pelos diversos coletivos, a construção efetiva de um "Palmeiras de todos e todas"[356].

Nas páginas a seguir, nos dedicaremos a esmiuçar as práticas e ações realizadas por esses coletivos, procurando delinear o horizonte traçado por suas lutas, seus objetivos e conquistas políticas e sua interação com o campo de mobilizações em defesa da democracia – em seus multifacetados significados – no contexto atual da sociedade brasileira.

---

[356] Mandelli, *op. cit.*, 2020.

5. Ação política torcedora e os coletivos progressistas palmeirenses

Neste capítulo, nosso objetivo é apresentar os principais coletivos políticos formados por torcedores e torcedoras palmeirenses, destacando sua atuação diretamente vinculada aos múltiplos significados – assumidos por estes grupos – da ideia de democracia. De forma geral, a defesa de valores democráticos nas práticas destes coletivos se articula em torno de uma vinculação entre a identificação clubística e perspectivas políticas claramente situadas no amplo campo da esquerda. Em cada coletivo, entretanto, o foco das práticas, sua conotação política e os objetivos estratégicos diferem, conforme procuraremos demonstrar.

Convém mencionar que, dentre a grande diversidade de coletivos formados por torcedores/as palmeirenses na atualidade, existem alguns que circunscrevem suas atividades principalmente ao ambiente virtual. Ainda que organizem encontros presenciais entre seus integrantes e eventualmente produzam materiais como camisetas e adesivos que colocam o nome do grupo em circulação, o foco de suas atividades se verifica fundamentalmente na difusão de materiais e no estímulo a determinados debates no espaço virtual das redes sociais. Isto se dá por diversas razões, muitas vezes relacionadas a aspectos como segurança e organização, e eventualmente coletivos que iniciam suas ações no ambiente virtual também extrapolam seus limites e passam a atuar de corpo presente em outros espaços (como é o caso de alguns dos grupos que serão apresentados adiante). Sinalizamos este aspecto para demarcar que, no foco deste trabalho, ainda que se compreenda e valorize a importância das contribuições de tais coletivos à discussão de certas pautas, optamos por mergulhar na trajetória e nas práticas daqueles que se colocam diretamente na rua, na arquibancada e nos ambientes torcedores que, de forma geral, transcendam o espaço das redes sociais.

Sem nos atermos a uma periodização cronológica, a abordagem que será apresentada a seguir procura discutir a atuação de diversos grupos de forma temática, identificando os cruzamentos e enredamentos entre suas pautas, formas de organização e pensamento político. De todo modo, convém situar o surgimento dos primeiros coletivos, assim autodenominados, a partir dos anos de 2013 e 2014: de acordo com Marcos Gama, fundador do coletivo Porcomunas e conselheiro do Palmeiras, a própria ideia de "coletivo" é algo recente no ambiente futebolístico, visto que em sua longa trajetória político-torcedora (frequentando arquibancadas desde os anos 60 e atuando na política interna do clube desde a década de 2000), o militante nunca observou ou soube da existência de coletivos em quaisquer torcidas brasileiras até o início do século XXI[357]. Segundo Gama, a discussão política se dava de forma "espontânea" entre grupos de amigos/as torcedores/as, manifestando-se dentro das formas de organização torcedora vigentes (uniformizadas, organizadas, grupos de sócios), e circulando abertamente pelos corredores da sede social do clube, sem expressar-se, entretanto, na formação de coletivos políticos que estabelecessem objetivamente uma interlocução estruturada entre a militância política fora do campo futebolístico e as referências próprias do ambiente torcedor[358].

Em relatos coletados pelo sociólogo Vitor Gomes em pesquisa sobre a militância político-torcedora no campo futebolístico, são apresentados alguns coletivos existentes na atualidade que nomeiam como referência, influência ou inspiração para sua pró-

---

[357] Entrevistas realizadas com Marcos Gama no dia 16 de março de 2022.
[358] *Idem*.

pria criação a atuação de torcidas antifascistas[359] (ou abertamente identificadas com o espectro político da esquerda) existentes na Europa desde fins da década de 70[360]. No Brasil, a primeira torcida auto identificada enquanto "antifascista" registrada na memória torcedora é a Ultras Resistência Coral, formada em 2005 por torcedores do Ferroviário Atlético Clube, na cidade de Fortaleza (Ceará). Embora sua atuação tenha motivado, posteriormente, a formação de coletivos e torcidas de viés político similar em outras partes do Brasil[361], a iniciativa pioneira de sua própria criação trazia como inspirações, entre outros aspectos próprios dos ambientes políticos brasileiro e torcedor, a atuação de torcidas de viés antifascista já existentes na Europa, como os Bukaneros (Rayo Vallecano de Madrid, Espanha) e a Ultras St. Pauli (FC St. Pauli, Alemanha)[362], bem como a trajetória torcedora politizada dos *ultras* italianos[363].

De acordo com relato de Marcos Gama, a ideia de "coletivo" para referenciar grupos de torcedores politizados no Brasil tam-

---

[359] Vitor Gomes. *A militância político-torcedora no campo futebolístico brasileiro*. Dissertação de Mestrado, Faculdade de Ciências Sociais (FCS), Universidade Federal de Goiás, Goiânia, 2020, p. 105.

[360] De acordo com Mark Bray, uma das iniciativas pioneiras da atuação de torcedores/as antifascistas organizados/as na Europa é o surgimento, na década de 1970, da Reds Against the Nazis, grupo formado por torcedores do Manchester United. Posteriormente, na década de 1980, a atuação da Ação Antifascista (AFA) de Leeds (Inglaterra) também levaria à formação do Leeds Fans United Against Racism and Fascism, como resposta à ascensão daquilo que interpretavam como um "hooliganismo fascista". Ver Mark Bray. *Antifa*: o manual antifascista. Trad. Guilherme Ziggy. São Paulo: Autonomia Literária, 2019, p. 237.

[361] Caio Lucas Morais Pinheiro. *As ondas que (se) movem (n)o mar das torcidas*: das charangas à guinada antifascista na Ultras Resistência Coral (1950–2020). Tese de Doutorado, Porto Alegre, UFRS, 2020, p. 340.

[362] *Idem*, p. 242.

[363] *Idem*, p. 239.

bém parece ter vindo de uma inspiração nas torcidas politizadas da Europa[364], impressão reafirmada pela interpretação do historiador Caio Morais Pinheiro a respeito da cultura contestatória no futebol europeu, que fomentou justamente a criação de "coletivos de torcedores"[365]. Experiências surgidas na década de 1990 como as Brigadas Autônomas Livornesas (Brigate Autonome Livornesi) – principal torcida ultra do clube italiano Livorno que carrega como premissas a luta da "classe operária, do antifascismo e do contrapoder anticapitalista"[366] –, a já citada torcida do FC St. Pauli (Hamburgo, Alemanha), e as atividades de antifascistas europeus que levaram à criação da Associação de Fãs de Futebol Antifascistas em 1993 e ao fomento à formação de torcidas *queer*, estabeleceram marcos importantes para o estreitamento de laços e o estímulo à construção de uma cultura antifascista e politizada à esquerda em diversos países[367].

Isto não significa, entretanto, que não existissem cruzamentos e experiências de atravessamento das esferas de militância política e atuação torcedora no Brasil, e particularmente no Palmeiras: como vimos anteriormente, no contexto histórico da ditadura militar o aspecto político também manifestava sua presença no bojo da formação das torcidas, ainda que não necessariamente se estabelecesse como o elemento organizador central ou referencial. No caso do Palmeiras, uma expressão mais determinante desse enredamento se percebeu, de forma pioneira, na experiência da torcida Anarquia Verde – relatada no capítulo 3 –, cujos materiais (faixas, camisetas, *flyers*) carregavam abertamente a

---

[364] Entrevistas realizadas com Marcos Gama no dia 16 de março de 2022.
[365] Pinheiro, *op. cit.*, p. 299.
[366] Foot apud José Paulo Florenzano. Um *calcio* diverso: partidas políticas e torcidas ultras. In: Bernardo Buarque de Hollanda; Heloisa Helena Baldy dos Reis (Orgs.). *Hooliganismo e Copa de 2014*. Rio de Janeiro: 7Letras, 2014, p. 84.
[367] Bray, *op. cit.*, p. 238.

preocupação com pautas políticas que circulavam na mesma época entre o movimento *punk*. Além do próprio nome da torcida, as vivências cotidianas e práticas militantes de seus integrantes também evidenciavam este cruzamento: conforme relatado pelo fundador Magui, os membros da torcida ficaram até "conhecidos" nos encontros e atividades do movimento *punk* por estarem sempre uniformizados com as cores do time, e da mesma forma, "quando a gente se filiou ao PT era bandeira vermelha e camiseta verde do Palmeiras"[368].

Nas décadas seguintes, outras iniciativas torcedoras também expressariam acolhimento à ambientação de discussões políticas, em gradações e condições inevitavelmente atreladas a fatores próprios da configuração do ambiente futebolístico e político do país. Em entrevistas realizadas com integrantes dos coletivos políticos palmeirenses, alguns deles mencionam a experiência da torcida Camorra enquanto espaço de sociabilização, encontro e articulação de torcedores palmeirenses com orientação política à esquerda, em fins dos anos 2000. A Camorra foi uma torcida inspirada no modelo argentino de *barra brava* que existiu nas arquibancadas palmeirenses entre os anos de 2009 e 2015, e trazia cantos como "somos a barra mais anarquista, a que mais bebe e a mais antifascista"[369], além de integrantes advindos/as dos ambientes das subculturas *punk* e *skinhead*, e referências visuais que explicitavam esta aproximação, como o símbolo de caveira portado em instrumentos, camisetas e materiais, vinculada à banda *punk* Misfits[370]. Entretanto, os relatos de alguns de seus ex-integrantes,

---

[368] Relato concedido por Magui em entrevista realizada em 11 maio 2022.
[369] A música "Somos a barra mais anarquista" pode ser escutada em vídeo de 2013 publicado pela própria torcida Camorra no YouTube. Disponível em: www.youtube.com/watch?v=4josQ_93l4Q (acesso em 22 mar. 2022).
[370] Referências visuais da torcida Camorra em ação podem ser encontradas em vídeos diversos disponíveis no YouTube, inclusive no canal da extinta torcida. Disponível em: www.youtube.com/channel/

que hoje compõem coletivos políticos palmeirenses, ressaltam que a torcida não se configurava exatamente enquanto um ambiente politizado de esquerda: embora atraísse pessoas alinhadas com este campo político, também apresentava ambiguidades e contradições, sem estabelecer a firmeza de uma perspectiva política clara[371].

Posteriormente, alguns torcedores que frequentavam a Camorra viriam a integrar coletivos como a Palmeiras Antifascista e os Porcomunas. Ainda que, em uma abordagem cronológica, o primeiro autodenominado coletivo palmeirense seja a Palmeiras Livre, criada em abril de 2013, através dos relatos de torcedores e militantes entrevistados identificamos a relevância da atuação dos dois coletivos supracitados para estabelecer uma série de marcos e referenciais na consolidação de um campo militante entre a torcida palmeirense. Por esta razão, iniciamos nosso levantamento da atuação dos coletivos a partir da descrição de suas atividades, vigentes até o presente momento, assim como dos demais coletivos que serão apresentados na sequência.

Palmeiras Antifascista

De acordo com entrevistas concedidas pelo grupo e textos de apresentação do coletivo, a Palmeiras Antifascista foi criada no ano de 2014 com objetivos de enfrentamento e contraposição direta à possível presença de fascistas, neonazistas e integrantes de grupos de extrema direita nas arquibancadas palmeirenses. O episódio que deflagrou sua criação foi um embate entre alguns de seus membros fundadores e um torcedor palmeirense presente na

---

UCcxKcIDByGMLPnGVfno-opA (acesso em 22 mar. 2022).

[371] Relatos concedidos por ex-integrantes da Camorra, hoje integrantes de coletivos como Porcomunas, Movimento Palestra Sinistro e Ocupa Palestra, em entrevista realizada em 7 jun. 2022.

arquibancada com uma jaqueta do grupo *ultra* Irriducibili, formado por torcedores abertamente fascistas da S. S. Lazio (Itália)[372].

A situação ocorreu no Estádio do Pacaembu, em 2014, e sua evocação como marco de origem situa o coletivo, desde logo, em uma intenção de disputa do espaço torcedor, de forma a impedir a presença de torcedores alinhados a ideologias políticas da extrema direita. A justificativa desse enfrentamento está na explicação, sustentada por membros do coletivo, de que indivíduos e grupos que expressem abertamente posturas racistas, xenofóbicas, homofóbicas ou machistas, bem como outras formas de discriminação, precisam ser coibidos de manifestar-se de tal modo em espaços de convivência torcedora, justamente por seu caráter intolerante[373]. Nos termos das linhas de atuação associadas à tradição política do antifascismo, trata-se da política de "nenhum palanque", dirigida particularmente ao discurso fascista organizado[374]. Entende-se que o trabalho de base deve se dedicar às falas de tonalidades intolerantes ou preconceituosas proferidas por indivíduos isolados, ou simplesmente destituídas de uma organização (discursiva ou politizada)[375]. Em todos os casos, entretanto, o norte da atuação mantém-se o mesmo: a "rejeição *política* ao fascismo"[376].

A partir da criação de uma página na rede social Facebook, no dia 21 de abril de 2014, a Palmeiras Antifascista passou a se dedicar a atividades de agitação e propaganda nos ambientes virtuais, progressivamente fazendo-se presente também nos estádios, com a realização de ações em jogos contra os preços abusivos de ingressos e evocando a origem operária do clube. Simultaneamente, sua atuação se deslocaria de uma disposição primária ao enfrenta-

---

[372] Gomes, *op. cit.*, p. 104.
[373] Entrevista realizada com integrantes do coletivo Palmeiras Antifascista em 19 mai. 2022.
[374] Bray, *op. cit.*, p. 279.
[375] *Idem*, p. 282.
[376] *Idem*, p. 284 (grifo nosso).

mento, discursivamente legitimada enquanto prática antifascista, à proposição de imaginários torcedores palmeirenses atrelados a valores de afirmação das diversidades, bem como à difusão de materiais que situassem a identidade clubística palmeirense em conexão direta com lutas sociais e pautas politizadas sobre temas como racismo, gênero e classe.

Essa atuação se exemplifica em ações realizadas em frentes diversas: intervenções com faixas e bandeiras em jogos da equipe palmeirense, referenciando temas como xenofobia ("Criado por imigrantes, refugiados bem-vindos")[377], elitização do futebol ("Origem operária, preço elitista")[378], causa indígena ("Jaraguá é guarani")[379], bem como episódios relativos ao cenário político nacional mais amplo ("Marielle presente" e "Lute como Marielle")[380]; e ações diretas de agitação e propaganda realizadas pelo coletivo ao longo dos anos, como a colagem de cartazes de *lambe* no entorno e nas proximidades do estádio, apresentando composições gráficas nas cores alviverdes, símbolos do clube e de diversas linhas políticas da esquerda radical, e dizeres como "Racista, aqui

---

[377] Ver foto do coletivo Palmeiras Antifascista presente em jogo no Estádio do Pacaembu, publicada pelo coletivo em sua página na rede social Instagram em 30 de setembro de 2018. Disponível em: www.instagram.com/p/BoXA6_vBvyV/ (acesso em 8 jun. 2022).

[378] Ver foto de ação realizada na arquibancada do Estádio do Pacaembu em 11 de fevereiro de 2019, publicada pelo coletivo em sua página na rede social Instagram. Disponível em: www.instagram.com/p/BtwsgVVHPEG/ (acesso em 8 jun. 2022).

[379] Ver fotos da ação realizada em jogo entre Palmeiras e Club Guaraní (Paraguai) em 11 de março de 2020, publicadas pelo coletivo em sua página na rede social Instagram. Disponível em: www.instagram.com/p/B9k9dHCHUHi/ (acesso em 8 jun. 2022).

[380] Ver foto da ação realizada em 22 de março de 2018, publicada pelo coletivo em sua página na rede social Instagram. Disponível em: www.instagram.com/p/BgoXrX9F0i4/ (acesso em 8 jun. 2022).

não!"[381], "1º de maio é luto, é luta; Palmeiras origem operária"[382], "Futebol para elas ou guerra a eles"[383], "Nem guerra entre torcidas nem paz entre classes"[384].

Faixas com os dizeres "Ingresso caro, não" e "Origem operária, preço elitista", estendidas pelo coletivo Palmeiras Antifascista em partida no Estádio do Pacaembu, em março de 2018. Foto do autor.

---

[381] Ver publicação da Palmeiras Antifascista, em sua página na rede social Instagram, relatando a colagem de um mural de lambes realizada no dia 13 de maio de 2021, com os dizeres "Racista, aqui não!" e a imagem do jogador Djalma Santos. Disponível em: www.instagram.com/p/CO2zZ_5Hs50/ (acesso em 8 jun. 2022).

[382] Ver publicação do coletivo com imagens do cartaz em sua página na rede social Instagram, no dia 2 de maio de 2022. Disponível em: www.instagram.com/p/CdDXh6zur_B/ (acesso em 8 jun. 2022).

[383] Ver publicação do coletivo com imagens do cartaz em sua página na rede social Instagram, em ação realizada em 15 de julho de 2017. Disponível em: www.instagram.com/p/BWkIm1ohiw6/ (acesso em 8 jun. 2022).

[384] Ver publicação do coletivo com imagens do cartaz em sua página na rede social Instagram, em ação realizada em 13 de novembro de 2017. Disponível em: www.instagram.com/p/BbcIo7QgAeG/ (acesso em 8 jun. 2022).

Faixas com os dizeres "Marielle presente" e "Lute como Marielle", estendidas pelo coletivo Palmeiras Antifascista em partida no Allianz Parque, em março de 2018. Foto do autor.

Para além da atuação do coletivo nos ambientes organicamente torcedores – aqui identificados nas arquibancadas e no entorno do estádio –, os/as palmeirenses antifascistas também procuram se fazer presentes em outros eventos relacionados com suas linhas políticas, vinculadas à plataforma antifascista e às formas de organização autonomista[385]. O objetivo, de acordo com integrantes do coletivo, é estabelecer uma conexão entre a identidade torcedora palmeirense e as causas políticas em questão, situadas de forma mais ampla no campo da esquerda, bem como oferecer o apoio e o suporte do grupo torcedor à construção dos eventos e práticas políticas com as quais estabeleça sintonia. Exemplos, nesse sentido, se expressam em sua presença nas manifestações ocorridas em 2018 contra a candidatura de Jair Bolsonaro e também em participações do coletivo na Copa de Integração dos Imigrantes e Refugiados, organizada pela ONG África do Coração nos anos de 2017, 2018 e 2019. Nas três ocasiões do evento, a Palmeiras Antifascista esteve presente nos jogos com seus materiais (sinalizadores e fai-

---

[385] Relato concedido por integrantes do coletivo Palmeiras Antifascista em entrevista realizada em 19 maio 2022.

xas com os dizeres "Refugiados bem-vindos", "Racista aqui, não!", "Criado por imigrantes, refugiados são bem-vindos" e "Xenofobia não!"), junto a outras organizações próximas, como a Ação Antifascista São Paulo e outros coletivos antifascistas[386].

Simultaneamente, a atuação da Palmeiras Antifascista reconhece e se vincula ao consolidado campo do antifascismo militante, compreendido não apenas como um conjunto difuso de perspectivas de rechaço ao fascismo, mas como aquilo que Mark Bray assinala como sendo uma "tradição política legítima que se desenvolveu a partir de um século de luta global"[387], constituída na atualidade principalmente a partir do conjunto de "estratégias de protesto confrontacional das primeiras décadas do pós-guerra, da política autonomista e das mudanças subculturais dos anos [19]70 e [19]80"[388]. Sua proximidade com a Ação Antifascista São Paulo, seus laços e o intercâmbio de informações e experiências com outras organizações antifascistas reforçam esse viés, assim como sua inserção no campo das chamadas "subculturas", tendência destacada por Bray em relação às organizações antifascistas atuais em outras partes do mundo[389] e percebida também na atuação de outras torcidas antifascistas no Brasil[390].

Isso se reflete diretamente nas atividades do coletivo, que, para além de suas ações voltadas ao ambiente futebolístico e torcedor palmeirense, também mantém envolvimento com práticas de fortalecimento da própria rede de ação antifascista vinculada aos

---

[386] Ver publicações realizadas pela Palmeiras Antifascista em sua página na rede social Instagram, com fotos do coletivo presente nas edições de 2017 (disponível em www.instagram.com/p/BZ39LdKhdI1/), 2018 (disponível em www.instagram.com/p/BnPMxPvhutf/) e 2019 (disponível em www.instagram.com/p/B368qc3H-hY/) da Copa de Integração dos Imigrantes e Refugiados. Acesso em 8 jun. 2022.

[387] Bray, *op. cit.*, p. 28.

[388] *Idem*, p. 159.

[389] *Idem*, p. 158–159.

[390] Pinheiro, *op. cit.*, p. 346.

circuitos das subculturas militantes: como exemplos, podemos citar ações de trabalho de base e apoio social realizadas entre 2018 e 2019 junto a outras organizações autonomistas, mencionadas na pesquisa de Vitor Gomes a partir de relatos de integrantes do coletivo, bem como a participação no Festival Antifascista de Futebol, organizado em 2019 pela RASH-SP (seção paulista do coletivo internacional Red and Anarchist Skinheads) e a construção anual da Marcha Antifascista de São Paulo, junto a outros coletivos e organizações[391].

No âmbito da rede de coletivos antifascistas formados por torcedores/as, a Palmeiras Antifascista também integra com frequência a realização de ações conjuntas orquestradas a nível nacional através de organizações como a TAU (Torcidas Antifascistas Unidas), mobilizadas em torno de pautas como a transformação dos clubes de futebol em sociedades anônimas[392] e o rechaço à ditadura militar[393]. No nível internacional, o coletivo integra a rede La Voz del Sur, tendo participado de uma ação conjunta de lançamento da rede ocorrida simultaneamente em diversos países da América Latina no dia 12 de outubro de 2018, na qual integrantes de várias torcidas e coletivos antifascistas do continente realizavam ações com faixas e bandeiras trazendo a inscrição "A América não foi descoberta, foi saqueada"[394]. Em âmbito similar, ações visando estreitar vínculos com torcidas de outros clubes latino-americanos já foram realizadas em diversos encontros ocorridos por conta de

---

[391] Gomes, *op. cit.*, p. 108.

[392] Ver a nota "Não estamos à venda! Nossos clubes precisam de democracia, não de donos", publicada pelo coletivo em sua página na rede social Instagram, em 1º de dezembro de 2019. Disponível em: www.instagram.com/p/B5iKIGPHh74/ (acesso em 8 jun. 2022).

[393] Ver a nota "Gol contra: ditadura militar impôs derrota ao Brasil", publicada pelo coletivo em sua página na rede social Instagram, em 31 de março de 2020. Disponível em: www.instagram.com/p/B-Zh8ayHmBq/ (acesso em 8 jun. 2022).

[394] Gomes, *op. cit.*, p. 107.

partidas pela Copa Libertadores, tais como uma colagem de lambes contra a xenofobia, realizada no entorno do Allianz Parque junto a integrantes do coletivo Antifascistas de la Garra Blanca, formado por torcedores/as do Colo (Chile)[395], e uma ação contra o "futebol moderno", realizada virtualmente durante a pandemia da Covid-19 em 2020, junto aos integrantes do Universitario Antifascista, do Club Universitario de Deportes (Peru)[396].

Integrantes da Palmeiras Antifascista e dos Antifascistas de la Garra Blanca (Colo-Colo, Chile), em ação conjunta realizada em outubro de 2018. Arquivo pessoal do autor.

---

[395] Ver fotos da ação conjunta dos coletivos, publicadas pela Palmeiras Antifascista em sua página na rede social Instagram. Disponível em: www.instagram.com/p/BoeJJrJhb6D/ (acesso em 8 jun. 2022).

[396] Ver vídeo "Palmeiras Antifascista y Universitario Antifascista unidos contra el futbol moderno", produzido por integrantes dos dois coletivos e divulgado na página do Universitario Antifascista na rede social Facebook. Disponível em: ne-np.facebook.com/UniversitarioAntifa/videos/palmeiras-antifascista-y-universitario-antifascista-unidos-contra-el-futbol-mode/267098718440351/ (acesso em 8 jun. 2022).

De tal modo, percebe-se que a Palmeiras Antifascista se situa, no âmbito dos coletivos políticos formados por torcedores/as palmeirenses, como um grupo especificamente vinculado à tradição política do antifascismo, cultivando laços relativos a esse circuito. Os encontros e interações com grupos de torcedores/as antifascistas de outros clubes brasileiros também se evidenciam ao longo da história do coletivo[397], enquanto as lógicas próprias do universo torcedor e suas rivalidades são levados em consideração: um exemplo é a nota de esclarecimento publicada em 2020 após sua participação nas manifestações em defesa da democracia ocorridas nos meses de maio e junho, nas quais também estiveram presentes grupos de torcedores organizados corintianos, em que a Palmeiras Antifascista reafirmava sua clareza política em relação à causa comum, ao mesmo tempo que razões próprias ao universo das rivalidades futebolísticas eram evocadas para justificar a participação nas manifestações em blocos separados[398].

Isso não impediu, ao longo da trajetória do coletivo, a realização de ações conjuntas, tais como a já citada presença na Marcha Antifascista (em suas diversas edições) e na Copa de Integração dos Imigrantes e Refugiados, que, nos anos de 2018 e 2019, contou também com a presença de um coletivo antifascista de

---

[397] Ver publicações da Palmeiras Antifascista, em sua página na rede social Instagram, relatando o encontro com integrantes de torcidas e coletivos como: a torcida organizada antifascista Resistência Alvinegra, do Atlético Mineiro (disponível em: www.instagram.com/p/CeclaydtWMn/); os coletivos Coral Antifa (Santa Cruz) e Sport Antifa (Sport), em Recife, Pernambuco (disponível em: www.instagram.com/p/CZnOE54AfXt/); os coletivos Esquerda Vascaína e Vasco da Gama Antifascista (disponível em: www.instagram.com/p/CXOZcXHlWRp/); e Ultras Resistência Coral (disponível em: www.instagram.com/p/BXyRqZUBAey/). Acesso em 8 jun. 2022.

[398] Ver "Comunicado sobre o ato de 31 de maio", publicado pelo coletivo em sua página na rede social Instagram em 3 de junho de 2020. Disponível em: www.instagram.com/p/CA-8UxcnWm1/ (acesso em 8 jun. 2022).

torcedores corintianos. Nas palavras de integrantes da Palmeiras Antifascista, ainda que o clubismo se revele "um entrave pontual e específico na relação com algumas torcidas específicas"[399], as causas comuns devem ser mais fortes. Isso se evidencia também, internamente, em relação às orientações políticas do coletivo, visto que a Palmeiras Antifascista se coloca como uma "frente de luta": nas palavras de seus integrantes, "[...] reunimos militantes anarquistas, comunistas, socialistas de diversas tendências que concordam com a necessidade do antifascismo e com os princípios de nossa organização"[400].

Porcomunas

A partir de 2014, ano de fundação da Palmeiras Antifascista, a participação torcedora em ambientes alheios ao campo futebolístico se expandiu significativamente com a proliferação de coletivos, e não apenas na torcida do Palmeiras. Para além de uma presença ativa no meio virtual, através de variadas redes sociais[401], os novos coletivos – muitos deles autointitulados antifascistas – se caracterizaram principalmente pela adesão às manifestações de esquerda convocadas em torno dos acontecimentos políticos de grande impacto no contexto: desde os atos organizados contra o processo de *impeachment* da presidente Dilma Rousseff, novos coletivos surgiram nas ruas e passaram a ostentar as cores de seus clubes de preferência nas manifestações políticas, figurando em blocos separados ou reunidos em "blocos futebolísticos" nos quais, muitas vezes, torcedores/as de equipes rivais apareciam lado a lado sustentando uma causa comum.

---

[399] Citado por Gomes, *op. cit.*, p. 122.
[400] Relato concedido por integrantes do coletivo Palmeiras Antifascista em entrevista realizada em 19 mai. 2022.
[401] Felipe Borba; Nathalia Borges. As torcidas antifascistas no Brasil: um estudo sobre o ativismo *online* nas eleições de 2018. *Anais do 44º Encontro Anual da* ANPOCS. São Paulo, 1º–11 dez. 2020.

O contexto de tramitação do *impeachment* de Dilma Rousseff, especificamente, foi o momento histórico em que se deu a formação do coletivo Porcomunas, cuja criação carece de um marco claro, uma vez que se desenhou como iniciativa relativamente espontânea de sócios/as e torcedores/as do Palmeiras interessados/as em estabelecer uma associação clara entre sua preferência clubística e suas orientações políticas à esquerda. Diferentemente da Palmeiras Antifascista, cuja criação se deu com objetivos explícitos de enfrentamento às expressões neofascistas que eventualmente ocorressem entre a torcida palmeirense em seus territórios próprios, o objetivo inicial dos Porcomunas voltava-se para um universo exterior ao clube e ao próprio campo futebolístico, buscando atuar no ambiente já consolidado e diverso das militâncias ditas "progressistas"[402].

A fundação do coletivo é comumente atribuída a Marcos Gama, histórico militante de esquerda, sócio e conselheiro da Sociedade Esportiva Palmeiras e amplamente conhecido entre a torcida por seus esforços individuais em prol da consolidação de um bloco de esquerda palmeirense atuante em frentes diversas. Nas palavras de alguns dos integrantes do Porcomunas, "[...] o Gama era o exército de um homem só nessa parada. Pode falar o que for, menos uma coisa: ele não fica em casa. Carrega o nome do Palmeiras e os ideais de esquerda dele, ele é um cara que nunca se escondeu, e

---

[402] Por vezes manuseado de modo um tanto difuso, o termo "progressista" é utilizado aqui de forma próxima àquela empregada pelos organizadores da obra "O eclipse do progressismo", identificada como uma perspectiva política favorável ao avanço da democratização, à redistribuição econômica, à promoção de direitos sociais, ao combate às diversas formas de opressão e à oposição aos conservadorismos e autoritarismos. De tal modo, não é uma orientação política que apresente um programa claro, mas um campo amplo que se identifica por um conjunto de valores comuns. Ver: José Correa Leite; Janaína Uemura; Filomena Siqueira (Orgs.). *O eclipse do progressismo*: a esquerda latino-americana em debate. São Paulo: Elefante, 2018, p. 12.

sempre teve essa luta"⁴⁰³. Muitos/as torcedores/as confundem sua imagem com a do próprio Porcomunas, embora a trajetória do coletivo seja atravessada pela adesão, participação e contribuição contínua de seus diversos integrantes. Gama, entretanto, é o militante do coletivo que se dispõe a "dar a cara", conforme explicado em entrevista que nos concedeu na sede do coletivo⁴⁰⁴.

De acordo com seus relatos, a criação do Porcomunas partiu de um esforço mais amplo, comum a torcedores/as de clubes diversos, em articular a presença dos símbolos dos diversos clubes às causas políticas do campo da esquerda, especialmente nas grandes manifestações de rua ocorridas entre 2016 e o momento presente. Em 2016, o Porcomunas se fez publicamente visível pela primeira vez, ostentando faixas com os dizeres "Palmeirenses pela democracia" e "Palmeirenses contra o golpe"⁴⁰⁵, na ocasião das manifestações contra o *impeachment* da presidente Dilma Rousseff. Nos anos seguintes, a presença da bandeira dos Porcomunas, bem como uma adesão crescente de palmeirenses com camisetas do coletivo, se fez presente em atos do Dia Internacional da Mulher, Dia do Trabalhador, Dia da Consciência Negra, atos pelo "Fora Temer", atos em memória de Marielle Franco (assassinada em 2018), atos contra a candidatura de Jair Bolsonaro, atos pelo "Fora Bolsonaro" ao longo de seu mandato, entre outros.

---

[403] Entrevista realizada com integrantes do coletivo Porcomunas em 7 jun. 2022.

[404] Entrevista realizada com Marcos Gama em 16 mar. 2022.

[405] O processo de *impeachment* da presidente Dilma Rousseff, no ano de 2016, foi denunciado por diversos movimentos, intelectuais e forças políticas de esquerda como um golpe de Estado operado juridicamente. Nas palavras de Ivana Jinkings, "uma ruptura de novo tipo, distinta das observadas nos países sul-americanos entre os anos 1960–1980". Para um aprofundamento no debate, ver Ivana Jinkings; Kim Doria; Murilo Cleto (Orgs.). *Por que gritamos golpe?*: para entender o *impeachment* e a crise. São Paulo: Boitempo, 2016.

Para além da participação em atos e manifestações de rua, o coletivo Porcomunas também procurou se fazer presente nas arquibancadas palmeirenses, tanto em ações pontuais – muitas vezes realizadas em conjunto com outros coletivos de esquerda – como através da produção de bandeiras e faixas dispostas no estádio a partir de uma aproximação com membros de torcidas organizadas. Um dos principais exemplos são as bandeiras como os dizeres "Ame o Palmeiras, odeie o racismo", atravessadas pelo símbolo de um punho esmagando uma suástica, e a bandeira "Palmeiras de todas as cores", que apresenta uma releitura da obra "Operários" (1933) de Tarsila do Amaral[406], com uma tematização palmeirense que visa destacar a composição plural – em âmbito étnico-racial, mas também de gênero e classe – da torcida alviverde[407]. A relevância da presença dessas bandeiras durante os jogos é destacada pelos integrantes do coletivo, que comentam: "As pessoas vão ver, a bandeira está lá, uma suástica sendo quebrada ao meio. Nem na Europa é comum, que tem mais essa cultura de 'liberdade de expressão' e política dentro do estádio"[408].

Além disso, o coletivo Porcomunas também se caracterizou, progressivamente, pela realização de ações sociais organizadas de forma autônoma ou em aliança com outros grupos, coletivos e movimentos sociais. Entre diversos exemplos, podemos citar a iniciativa do coletivo em preparar marmitas e organizar sua distribuição para população em situação de rua durante a pandemia da Covid-19, ao longo de todo o ano de 2020[409], bem como sua atua-

---

[406] Operários. In: Enciclopédia Itaú Cultural de Arte e Cultura Brasileira. São Paulo. Itaú Cultural, 2022. Disponível em: http://enciclopedia.itaucultural.org.br/obra1635/operarios (acesso em 29 mar. 2022).

[407] Estas bandeiras são levadas com frequência ao estádio pela TUP (Torcida Uniformizada do Palmeiras).

[408] Entrevista realizada com integrantes do coletivo Porcomunas em 7 jun. 2022.

[409] Ver postagem do coletivo Porcomunas sobre a produção e distribuição de marmitas durante a pandemia da Covid-19, publicada

ção conjunta à FLM (Frente de Luta por Moradia), participando de eventos do movimento[410]. Assim como salientamos a respeito do coletivo Palmeiras Antifascista, cujas ações concebidas no amplo campo antifascista previam o envolvimento com a causa dos refugiados[411] e a participação em eventos sobre antifascismo realizados de forma concomitante com outros coletivos, o Porcomunas também se caracteriza, portanto, pela atuação junto a iniciativas cujas causas apresentem sintonia em relação à visão política do grupo.

Quanto ao espectro ou orientação política do coletivo, a despeito da evidente referência ao comunismo em seu nome, não há uma linha específica definida, caracterizando o grupo pelo acolhimento amplo a militantes de diversas orientações à esquerda. De acordo com Marcos Gama, há espaço para comunistas, socialistas, anarquistas, e de forma geral, todos e todas que se identifiquem com o chamado "campo progressista"[412]. A diferenciação entre o Porcomunas e outros coletivos de esquerda existentes na torcida palmeirense, portanto, não parece se estabelecer em torno da orientação política, mas de sua atuação estratégica: à medida que a Palmeiras Antifascista se caracteriza por uma aproximação mais evidente com a plataforma antifascista em sua expressão internacional, concentrando sua expressão discursiva nas pautas que centralmente abordada e participando de eventos próprios do circuito antifascista autônomo, o Porcomunas se apresenta como um coletivo dedicado a reunir ex-

---

em sua página na rede social Instagram. Disponível em: www.instagram.com/p/CAne6A-ndu8/ (acesso em 14 jun. 2022).

[410] Ver postagens do coletivo em sua página na rede social Instagram: no dia 6 de dezembro de 2020, relatando uma ação realizada na ocupação Almirante Negro. Disponível em: www.instagram.com/p/CIeSxlpnlXw/ (acesso em 8 jun. 2022); e no dia 12 de outubro de 2021, relatando a realização de atividades no dia das crianças em uma ocupação da FLM. Disponível em: www.instagram.com/p/CU8q6tFN6eu/ (acesso em 8 jun. 2022).

[411] Sobre a relevância da questão dos refugiados na ação política de organizações antifascistas na atualidade, ver Bray, *op. cit.*, p. 163.

[412] Entrevista realizada com Marcos Gama em 16 mar. 2022.

pressões plurais de ação e pensamento político à esquerda, com uma atuação mais voltada aos ambientes da esquerda institucionalizada, como manifestações de rua, movimentos sociais e até mesmo a interação com integrantes de diferentes partidos políticos[413].

Bandeira "Palmeiras de todas as cores" estendida no Allianz Parque, em março de 2021. Créditos: Porcomunas (reprodução/Instagram).

Ao mesmo tempo, para além desses dois coletivos – aqui identificados como iniciativas pioneiras palmeirenses que procuraram se organizar ocupando espaços torcedores e políticos –, outras agrupações surgiram entre o ano de 2013 e a atualidade. Muitos deles, como veremos, apresentam-se especificamente preocupa-

---

[413] Relato concedido por integrantes do coletivo Porcomunas em entrevista realizada em 7 jun. 2022.

dos com causas atravessadas pelo *reconhecimento*[414]. A enunciação de causas relativas à presença e participação LGBTQIA+ e de mulheres no ambiente esportivo, ainda que se caracterize como o mote principal desses coletivos, não reduz a composição de sua ótica política, enredando-se à preocupação com outras pautas e, simultaneamente, com leituras mais amplas sobre sua correlação.

Bandeira "Amar o Palmeiras, odiar o racismo", estendida no Allianz Parque, em março de 2021. Créditos: Porcomunas (reprodução/Instagram).

---

[414] "Reconhecimento" é o termo que a filósofa estadunidense Nancy Fraser utiliza para se referir às pautas de movimentos sociais atravessadas pela afirmação da diversidade das identidades étnico-raciais, sexuais e de gênero. Ver: Nancy Fraser. *O velho está morrendo e o novo não pode nascer*. Trad. Gabriel Landi Fazzio. São Paulo: Autonomia Literária, 2020, p. 36.

Palmeiras Livre e Porcoíris

No âmbito da questão LGBTQIA+, o coletivo Palmeiras Livre foi o primeiro a organizar uma atuação, inicialmente através de redes sociais e progressivamente fazendo-se presente nos estádios. O grupo surgiu com a criação de uma página na rede social Facebook, em 12 de abril de 2013[415], apresentando-se como um "movimento anti-homofobia e transfobia, contra o racismo e todo tipo de sexismo"[416], que visava uma atuação conjunta com outros coletivos e páginas vinculadas a torcidas de outros clubes, tais como a "Galo Queer", iniciativa pioneira de sentido similar criada por Nathália Duarte, torcedora do Atlético Mineiro, após presenciar manifestações homofóbicas e racistas em partidas de futebol[417].

Ao longo de seus primeiros anos, a atuação inicial da Palmeiras Livre concentrou-se nas redes sociais, publicando e difundindo materiais que versavam principalmente contra a homofobia no ambiente futebolístico. Com uma composição diversificada de torcedores e torcedoras espalhados por diversas partes do Brasil[418], o uso das redes era entendido como o meio comum para a discussão e a organização contra as violências homofóbicas e

---

[415] "Torcidas organizadas gays usam redes sociais para enfrentar preconceito no futebol". *EBC*, 24 mar. 2013. Disponível em: memoria.ebc.com.br/esportes/2013/04/torcidas-organizadas-gays-usam-redes-sociais-para-enfrentar-preconceito-no-futebol (acesso em 14 jun. 2022).
[416] Gomes, *op. cit.*, p. 105.
[417] Entrevista com a fundadora da Galo Queer. In: Acervo do Museu do Futebol. São Paulo. Centro de Referência do Futebol Brasileiro, 2017. Disponível em: museudofutebol.org.br/crfb/acervo/661690/ (acesso em 14 jun. 2022).
418 Ver relato de Thaís, integrante do coletivo Palmeiras Livre, citado por Mauricio Rodrigues Pinto. *Pelo direito de torcer*: das torcidas gays aos movimentos de torcedores contrários ao machismo e à homofobia no futebol. Dissertação de Mestrado. São Paulo, Escola de Artes, Ciências e Humanidades da Universidade de São Paulo, 2017, p. 80.

machistas percebidas no campo futebolístico[419]. O pesquisador Mauricio Rodrigues Pinto, em trabalho sobre as torcidas e os coletivos futebolísticos voltados à pauta da homofobia, relaciona a mobilização do ambiente virtual como um instrumento de ação política ao contexto de surgimento do coletivo, próximo ao conjunto de manifestações ocorridas em 2013 (denominadas a partir de então como "Jornadas de Junho")[420]. Naquele momento, o uso das redes sociais para a articulação dos atos e protestos revelou-se crucial, convocando a atenção de analistas e cientistas políticos às particularidades desse novo modo de mobilização[421], e afirmando tais tecnologias não apenas como "ferramentas de descrição, mas sim de construção e reconstrução da realidade"[422].

O crescimento do número de seguidores nas páginas da Palmeiras Livre e a assiduidade de sua atuação no meio virtual foram acompanhados, nos anos seguintes, pela realização de entrevistas, concedidas por alguns de seus integrantes a veículos da grande mídia[423], consolidando o coletivo como um dos mais ativos e dedicados à pauta LGBTQIA+ no cenário do futebol[424]. Simultaneamente, ainda que o ambiente virtual fosse compreendido como um caminho "viável para encontrarmos os iguais e debatermos com os diferentes"[425], os integrantes da Palmeiras Livre procuraram construir, progressivamente, formas de atuar para além das

---

[419] *Idem.*
[420] *Idem* p. 81–82.
[421] *Idem*, p. 82–83.
[422] Leonardo Sakamoto. Em São Paulo, o Facebook e o Twitter foram às ruas. In: Ermínia Maricato [et al]. *Cidades rebeldes*: Passe Livre e as manifestações que tomaram as ruas do Brasil. São Paulo: Boitempo; Carta Maior, 2013, p. 95.
[423] Ver "Encontro com Fátima Bernardes". Rede Globo, 28 nov. 2017. Disponível em: encurtador.com.br/dwBUW (acesso em 14 jun. 2022).
[424] Pinto, *op. cit.*, p. 81.
[425] Citado por Gomes, *op. cit.*, p. 106.

redes sociais, organizando ações diretas[426], participando de manifestações e comparecendo às partidas do clube, ainda que muitas vezes de maneira anônima, sobretudo em virtude de perseguições e ameaças de cunho machista e homofóbico[427] presentes em variados ambientes da sociedade brasileira e igualmente reproduzidos em espaços torcedores. Conforme relatado por integrantes do grupo em entrevistas, as ameaças e ofensas são recorrentes no ambiente virtual desde o início das atividades do coletivo, "sempre que algum *post* viraliza ou quando saem matérias sobre o tema"[428].

A aproximação com outros coletivos políticos de torcedores/as palmeirenses – como a Palmeiras Antifascista e os Porcomunas – levou, por sua vez, à progressiva realização de ações conjuntas bem como à presença em partidas das equipes de futebol masculino e feminino do Palmeiras. Nos jogos e treinos abertos desta última, especialmente, a presença de integrantes da Palmeiras Livre passou a se destacar com bandeiras, faixas e materiais dos coletivos nas arquibancadas[429]. Essa aproximação, de acordo com

---

[426] Em entrevista concedida por integrantes da Palmeiras Livre, a participação do coletivo em alguns eventos relacionados à pauta LGBTQIA+ é destacada, tais como a Champions Ligay, torneio que reuniu times de futebol de jogadores *gays*, e os eventos SESC Copa da Diversidade e SESC Verão 2020 – População LGBT no esporte: Acolhimento e Resistência. Relato concedido em entrevista realizada com integrantes do coletivo Palmeiras Livre em 1º jun. 2022.

[427] Ver entrevista de integrante do coletivo em "Palmeiras Livre: contra a homofobia, machismo e racismo no futebol". *Vermelho*, 5 set. 2019. Disponível em: vermelho.org.br/2016/09/05/palmeiras-livre-contra-a-homofobia-machismo-e-racismo-no-futebol/ (acesso em 4 jun. 2022).

[428] "Palmeiras Livre: movimento luta contra homofobia nos estádios e enfrenta ataques na internet". *Torcedores*, 6 ago. 2017. Disponível em: www.torcedores.com/noticias/2017/08/palmeiras-livre-movimento-luta-contra-homofobia-nos-estadios-e-enfrenta-ataques-na-internet (acesso em 4 jun. 2022).

[429] Ver publicação realizada pelo coletivo Palmeiras Livre em sua página

relato concedido por seus integrantes em entrevista, deriva de um alinhamento político que transcende qualquer exclusividade da pauta LGBTQIA+: "entendemos que o sistema opressor em que vivemos está intrinsecamente ligado à premissa capitalista [...]. Por isso, além de pautarmos as lutas da população LGBTQIA+ e de outras minorias, somos anticapitalistas"[430].

Integrantes dos coletivos Palmeiras Livre e Palmeiras Antifascista em treino aberto da equipe de futebol feminino do Palmeiras, em janeiro de 2020. Créditos: Palmeiras Livre (reprodução/Instagram).

Em 2019, por sua vez, o coletivo PorcoÍris também surgiu no ambiente virtual das redes sociais, apresentando-se, em relato concedido em entrevista para a elaboração deste livro, como "uma conta anônima, para ser a voz da torcida LGBTQIA+ do Palmeiras no Twitter, seja para denunciar, cobrar inclusão ou servir de exemplo para mostrar que a comunidade LGBTQIA+ também gos-

---

na rede social Instagram, em que jogadoras da equipe feminina do Palmeiras posam junto a bandeiras dos coletivos. Disponível em: www.instagram.com/p/B7OigEpn62e/ (acesso em 8 jun. 2022).

[430] Relato concedido em entrevista realizada com integrantes do coletivo Palmeiras Livre em 1º jun. 2022.

ta de futebol, entende do assunto e ama o Palmeiras"[431]. De acordo com seus criadores, a ideia original surgiu em 2018, por ocasião da eleição de Jair Bolsonaro e sua participação na premiação do campeonato brasileiro conquistado pelo Palmeiras: identificando a aproximação estabelecida entre o presidente recém-eleito e a agremiação alviverde como um ato que demonstraria o "total descaso que a sociedade, o futebol e o próprio Palmeiras tinham para com a nossa existência"[432], o ocorrido conferiu fôlego para a criação do coletivo, que se propõe a "cobrar do Palmeiras a inclusão de palmeirenses LGBTQIA+, a fim de acabar com as violências que nossa comunidade sofre no âmbito do futebol"[433].

Ao longo dos anos seguintes, o coletivo procurou estabelecer diálogo com mídias palmeirenses e torcedores/as através das redes sociais, além de conceder entrevistas para blogues esportivos, programas televisivos e *podcasts*, visando expandir o alcance de suas pautas. No ano de 2020, por sua vez, ocorreu aquela que é considerada pelos integrantes do coletivo a "ação mais importante e impactante"[434] ocorrida até o presente: a bandeira do PorcoÍris foi exposta nas então vazias arquibancadas do Allianz Parque, à época ocupadas por faixas e bandeiras cedidas por torcedores/as para simbolizar seu apoio e presença, ainda que forçosamente a distância por conta da pandemia. A bandeira do coletivo, presente na arquibancada, reafirmou visibilidade para a causa LGBTQIA+, tratada de forma particularmente ambígua e delicada nos ambientes torcedores do futebol brasileiro, especialmente a partir de sua veiculação em grandes canais da imprensa[435].

---

[431] Relato concedido por integrantes do coletivo PorcoÍris em entrevista realizada no dia 31 maio 2022.

[432] *Idem.*

[433] *Idem.*

[434] *Idem.*

[435] Ver "Futebol para todos: torcedores se mobilizam por bandeira LGBTQIA+ na arena do Palmeiras. *Globo Esporte*, 2 nov. 2020. Disponível em: encurtador.com.br/anINU (acesso em 8 jun. 2022).

SEP das Minas, Peppas na Língua e VerDonnas

Em relação aos coletivos que pautam a presença e a participação feminina no futebol, para além da própria Palmeiras Livre – cuja plataforma voltada a questões de gênero e orientação sexual também se debruçava sobre a temática –, outros grupos surgiram a partir de 2017. Naquele ano, formaram-se simultaneamente duas iniciativas protagonizadas por torcedoras palmeirenses dedicadas a reconfigurar o lugar da mulher no esporte, desde uma perspectiva torcedora: o coletivo SEP das Minas e o Peppas na Língua.

A SEP das Minas, coletivo que se apresenta como sendo feito "para e pelas torcedoras da Sociedade Esportiva Palmeiras", tem como objetivo lutar "por uma torcida justa e acolhedora", conforme indicado na descrição de seu perfil na rede social Instagram[436]. A despeito de uma atuação centrada na produção contínua de conteúdo sobre o futebol palmeirense, o coletivo esporadicamente organiza ações voltadas à difusão do interesse pelo futebol feminino do Palmeiras (como o sorteio de ingressos para partidas da equipe)[437] e ações sociais voltadas à arrecadação para o apoio de populações em situações de vulnerabilidade, como as rifas beneficentes para auxiliar as vítimas da tragédia ocorrida em Petrópolis no começo de 2022[438] e, durante a pandemia da Covid-19 (em abril de 2021), para a compra de cestas básicas destinadas à ONG Mães de Favela e ao apoio de comerciantes da região de Helió-

---

[436] Ver descrição publicada pelo coletivo SEP das Minas em sua página na rede social Instagram. Disponível em: www.instagram.com/sepdasminas/ (acesso em 7 jun. de 2022).

[437] Ver publicação sobre o sorteio realizado pelo coletivo em sua página na rede social Instagram. Disponível em: www.instagram.com/p/CeRiHorPY4K/ (acesso em 7 jun. 2022).

[438] Ver publicação sobre o sorteio realizado pelo coletivo em sua página na rede social Instagram. Disponível em: www.instagram.com/p/CaSRwqSF_F8/ (acesso em 14 jun. 2022).

polis[439]. Em suas redes, o coletivo também intercala a cobertura dos eventos esportivos relacionados ao clube com notas contra o racismo[440], contra a LGBTQIA+fobia[441] e contra a celebração da ditadura militar[442], além de identificar a articulação de suas lutas com a atuação dos demais coletivos palmeirenses[443].

As Peppas na Língua, por sua vez, caracterizam-se pela produção de uma cobertura ampla do dia a dia esportivo palmeirense, elaborado a partir do olhar de torcedoras mulheres. A produção de crônicas, textos e postagens não necessariamente tematiza a questão das mulheres de forma específica, dedica-se também a comentar, por exemplo, o desempenho da equipe palmeirense de futebol masculino em jogos e competições diversas[444]. Simultaneamente, elas também organizam ações sociais, como campanhas de doação de sangue[445] e de distribuição de alimentos e coberto-

---

[439] Ver publicação sobre a rifa realizada pelo coletivo em sua página na rede social Instagram. Disponível em: www.instagram.com/p/CNtLNXaBIzm/ (acesso em 7 jun.de 2022).

[440] Ver nota de repúdio publicada pelo coletivo em sua página na rede social Instagram. Disponível em: www.instagram.com/p/CUZpRSrHuH/ (acesso em 14 jun. 2022).

[441] Ver nota de repúdio publicada pelo coletivo em sua página na rede social Instagram. Disponível em: www.instagram.com/p/COqMrglhVj2/ (acesso em 14 jun. 2022).

[442] Ver nota publicada pelo coletivo em sua página na rede social Instagram. Disponível em: www.instagram.com/p/CNGyMfYhuuV/ (acesso em 14 jun. 2022).

[443] Ver publicação realizada pelo coletivo em sua página na rede social Instagram. Disponível em: www.instagram.com/p/CTDtio5ns_-/ (acesso em 14 jun. 2022).

[444] Ver o conjunto de textos publicados no blogue Peppas na Língua. Disponível em: peppasnalingua.wordpress.com/ (acesso em 19 mai. 2022).

[445] Ver publicação sobre campanha de doação de sangue, realizada pelo coletivo em sua página na rede social Instagram. Disponível em: www.instagram.com/p/COS227BnQUH/ (acesso em 7 de jun. de 2022).

res para pessoas em situação de rua, além de terem organizado a campanha #ElasTemNome, que cobrava da diretoria do clube a inclusão dos nomes das jogadoras da equipe feminina nos uniformes[446], e que foi impulsionada pela articulação com os demais coletivos palmeirenses em suas próprias redes sociais.

Posteriormente, em setembro de 2018, o coletivo VerDonnas, movimento feminino de torcida, surgiu impulsionado por uma necessidade prática de organização coletiva de torcedoras para frequentar jogos com tranquilidade. Conforme relatado, em entrevista, por integrantes do coletivo:

> O pontapé foi um caso no metrô de São Paulo, que envolvia duas palmeirenses e alguns torcedores corintianos. Elas foram expulsas do vagão, o caso ficou bem conhecido, e nós nos juntamos a partir de uma rede social, de forma bem orgânica, para montar um grupo de mulheres palmeirenses que pudessem ir ao estádio e voltar juntas, por uma questão de segurança. Montamos um grupo de WhatsApp para pensar em nomes e ações e começamos a divulgar o movimento. Montamos as redes sociais também, divulgando pontos de encontro. Os grupos de WhatsApp cresceram rápido, e em pouco tempo tínhamos várias palmeirenses conectadas de algum modo, mesmo as que moravam longe da cidade de São Paulo[447].

A iniciativa fortaleceu laços entre torcedoras palmeirenses articuladas através da rede do coletivo, inclusive favorecendo a possibilidade de reunirem-se para ir aos jogos: "muitas torcedoras fizeram amizade por causa do grupo, começaram a frequentar o

---

[446] Ver postagem sobre a campanha "#ElasTemNome", realizada pelo coletivo em sua página na rede social Twitter. Disponível em: twitter.com/PeppasNaLingua/status/1467996956978995200 (acesso em 7 jun.de 2022).
[447] Relato concedido por integrantes do VerDonnas, em entrevista realizada em 29 mai. 2022.

estádio mesmo, passaram a ter com quem ir"[448]. Ao mesmo tempo, ao longo dos anos, o coletivo também procurou expandir seus horizontes de atuação, incentivando a presença nas partidas do time feminino e comparecendo com bandeiras e materiais próprios, além de organizar ações sociais voltadas a mulheres em situações de vulnerabilidade[449].

Jogadora Carla Nunes posa ao lado de bandeira do coletivo VerDonnas em sua homenagem. Créditos: VerDonnas (reprodução/Instagram).

Movimento Palestra Sinistro

Notavelmente caracterizados por formações distintas, vinculadas a torcedores/as de origens e trajetórias diversas, o conjunto dos coletivos que se situam no espectro político de esquerda progressivamente estabeleceu trocas, alianças e aproximações entre si. Os resultados da construção contínua de um ambiente comum de

---

[448] *Idem.*
[449] *Idem.*

"torcedores e torcedoras progressistas", conforme o termo utilizado por Marcos Gama[450], se manifestaram tanto na articulação de ações conjuntas em torno de pautas comuns, bem como na construção de um alinhamento na difusão virtual de materiais relativos a pautas e episódios políticos de importância compartilhada pelos coletivos. Após a eleição de Jair Bolsonaro, por sua vez, a participação em manifestações de rua contra o presidente e suas posições crescentemente antidemocráticas se tornou cada vez mais comum a esse conjunto de grupos, não mais de forma individualizada ou dispersa, mas organizando-se na consolidação de um bloco palmeirense nos atos.

Conforme mencionado no capítulo anterior, nos meses de maio e junho de 2020 – período crítico da pandemia da Covid-19 no Brasil – a iniciativa comum de torcedores/as de diversos clubes se fez presente em um conjunto de manifestações de rua contra as posições antidemocráticas expressadas por Bolsonaro, bem como seu expresso descaso com a pandemia e seus efeitos. No ambiente torcedor palmeirense, essa conjuntura foi crucial para a criação do Movimento Palestra Sinistro, encabeçado por quadros históricos de organizadas palmeirenses e também composto por seus integrantes, bem como componentes dos demais coletivos de esquerda e outros militantes.

De acordo com Wanderlei Laurino, que integra o Movimento Palestra Sinistro e participou diretamente dos eventos de 2020, a manifestação ocorrida em 30 de maio na Avenida Paulista foi crucial para que se organizasse a iniciativa de construção do coletivo: o ato em questão, convocado por torcedores do rival Corinthians e estendido a componentes de organizadas de outros clubes através da ANATORG (Associação Nacional de Torcidas Organizadas), tinha como objetivo fazer frente às manifestações bolsonaristas que vinham ocorrendo aos finais de semana no local. Diante da ampla adesão de torcedores do time rival, em sua maioria componentes

---

[450] Relato concedido por Marcos Gama em entrevista realizada em 16 de março de 2022.

das organizadas do clube, os/as palmeirenses se organizaram para comparecer em segurança, de forma separada, e assim também marcar sua presença na linha de frente antibolsonarista que procurava se organizar no contexto pandêmico: portando uma faixa com os dizeres "Pela vida e pela democracia" e entoando cantos de "Palestra Antifascista", o grupo era composto por algumas dezenas de integrantes dos coletivos e torcidas palmeirenses[451]. O ato, atravessado por tensões políticas e clubísticas, foi encerrado com dispersão promovida violentamente pela Polícia Militar[452].

A partir dessa experiência, as articulações entre palmeirenses começaram a se estruturar com maior força para o ato seguinte, convocado pelo Coletivo Somos Democracia para o dia 14 de junho. O surgimento formal do Movimento Palestra Sinistro remete a esse intervalo, oficializando-se com a publicação de um manifesto de fundação, com mais de quinhentas assinaturas[453] e realizando sua primeira aparição pública na linha de frente do bloco palmeirense organizado para a manifestação do dia 14 de junho. Nesse dia, conforme rememora Wanderlei Laurino, "[...] veio uma galera de peso. A gente tava em uns 140 lá, pelo menos"[454].

De acordo com entrevista concedida por integrantes do movimento à antropóloga Mariana Mandelli, uma das princi-

---

[451] Informações concedidas por Wanderlei Laurino, em entrevista realizada em 25 mai. 2022.

[452] Ver "Ato pró-democracia em SP começa pacífico, encontra grupo pró-Bolsonaro e termina em confronto com PM". *G1*, 31 mai. 2020. Disponível em: g1.globo.com/sp/sao-paulo/noticia/2020/05/31/avenida-paulista-tem-ato-e-marcha-contra-o-fascismo-e-a-favor-da-democracia-diz-pm.ghtml (acesso em 14 jun. 2022).

[453] Ver "Palmeiras: manifesto pró-democracia tem apoio de Rebelo e Belluzzo". UOL, 5 jun. 2020. Disponível em: www.uol.com.br/esporte/futebol/ultimas-noticias/2020/06/05/palmeiras-manifesto-pro-democracia-tem-apoio-de-rebelo-e-belluzzo.htm (acesso em 7 jun. 2022).

[454] Relato concedido por Wanderlei Laurino em entrevista realizada em 25 mai. 2022.

pais preocupações do Palestra Sinistro é aquilo que identificam como "politização":

> Nosso objetivo é conscientizar o maior número possível de pessoas que, se não lutarmos pelos nossos direitos ou ficarmos elegendo mitos, nossa realidade vai seguir sendo cruel para nós, trabalhadores. Vivemos um momento de retirada de direitos conquistados com muita luta e sangue pelos que vieram antes nós, e entendemos que só conversando com os nossos, conseguiremos nos unir em busca da sociedade justa que queremos[455].

Há de se destacar, entretanto, que no consenso interno construído pelo movimento, essa "politização" não é compreendida como a adoção de uma perspectiva política única, mas corresponde a uma composição plural, formada a partir de um mosaico amplo de orientações. Nas palavras de Wanderlei Laurino, "[…] no Palestra Sinistro você tem de social-democrata a anarquista. É uma galera muito mais heterogênea, de torcida organizada e tal"[456]. Isso se percebe na atuação do coletivo, que se desdobra na organização de distintas linhas de ação ou, conforme assinalado por Mandelli, "[…] diversos braços dentro do grupo, como o feminista, o antirracista, o político, o cultural e o social"[457].

Dentre as práticas e realizações do coletivo, algumas são particularmente dignas de referência: ao longo de todo o período da pandemia da Covid-19, uma série de ações sociais foram organizadas, como a entrega de marmitas e itens de higiene para po-

---

[455] Mariana Mandelli. Palestra Sinistro: palmeirenses progressistas contra a despolitização. *Ludopédio*, São Paulo, v. 138, n. 18, 2020. Disponível em: www.ludopedio.com.br/arquibancada/palestra-sinistro-palmeirenses-progressistas-contra-a-despolitizacao/ (acesso em 27 mar. 2021).

[456] Relato concedido por Wanderlei Laurino em entrevista realizada em 25 mai. 2022.

[457] Mandelli, *op. cit.*

pulação em situação de rua e a arrecadação de brinquedos para crianças carentes[458]. Ao mesmo tempo, o coletivo se dedicou a organizar *lives* transmitidas em suas redes sociais, debatendo pautas atravessadas pelo enredamento entre futebol, Palmeiras e política, com convidados e convidadas diversas. Durante o contexto das eleições municipais de 2020, muitos dos programas contaram com a participação de candidatos/as (especialmente ao cargo de vereador/a) da capital e das cidades da Grande São Paulo, buscando aportar visibilidade a candidaturas de esquerda entre o público torcedor das transmissões[459]. Simultaneamente, conforme as mobilizações de rua cresciam, o Palestra Sinistro também garantia a sua presença junto a outros coletivos que compunham o bloco palmeirense nos atos, além de construir ações conjuntas, como, por exemplo, na noite do dia 31 de março para o 1º de abril de 2021, quando realizaram um ato na passarela "Arrancada Heroica", próxima à sede do Palmeiras, marcando posição contra o golpe de 1964 e sua memória[460].

Além disso, após um trágico acidente sofrido em dezembro de 2021 por Aquiles Carvalho, membro fundador tanto do Movimento Palestra Sinistro quanto, na década de 1980, da torcida Mancha Verde, uma ampla campanha de arrecadação através da realização de rifas foi organizada pelo coletivo, com o objetivo de auxiliar financeiramente a família do torcedor[461]. Conforme relatado por Wanderlei Laurino, a campanha contou com o apoio de

---

[458] Informações concedidas em entrevista realizada com integrantes do Movimento Palestra Sinistro, em 15 jun. 2022.

[459] Informações concedidas por Wanderlei Laurino em entrevista realizada em 25 mai. 2022.

[460] Ver publicação realizada pelo coletivo Porcomunas em referência a esta ação em sua página na rede social Instagram. Disponível em: www.instagram.com/p/CNH14OQnLQp/ (acesso em 14 jun. 2022).

[461] Aquiles Carvalho faleceu no dia 8 de junho de 2022, após longos meses de luta por sua recuperação. Importante articulador do Movimento Palestra Sinistro, dedicamos este livro à sua memória.

coletivos atuantes nos ambientes torcedores, como o Porcomunas e a Palmeiras Antifascista, além de diversos outros grupos de torcedores/as palmeirenses[462], e demonstrou a importância da mobilização e atuação em rede dos coletivos na construção de formas de apoio mútuo.

Ação realizada pelos coletivos Porcomunas e Movimento Palestra Sinistro em 2021. Créditos: Porcomunas (reprodução/Instagram).

Através de sua atuação nessas variadas frentes que enredam práticas políticas e torcedoras, o Palestra Sinistro concebe sua tarefa fundamentalmente como sendo aquilo que denominam "trabalho de base"[463]: nas palavras de seus integrantes, "enquanto coletivo progressista de esquerda, nosso objetivo é conversar com nossos irmãos de arquibancada sobre política, democracia, história e cons-

---

[462] Informações concedidas por Wanderlei Laurino em entrevista realizada em 25 mai. 2022.
[463] Relato concedido por integrantes do Movimento Palestra Sinistro em entrevista realizada em 15 jun. 2022.

cientizar a galera da questão de classe"⁴⁶⁴. De tal modo, sua inserção nas esferas torcedoras e a organização de ações que incidam e se relacionem diretamente com esse ambiente são compreendidas como as orientações determinantes de sua prática, e se dedicam a criar espaços de diálogo possíveis de acordo com as lógicas e os códigos do ambiente torcedor. Na leitura de seus integrantes, o resultado tem sido positivo: "com seriedade e respeito no diálogo, temos conquistado espaço e respeito, abrindo caminho para a absorção e o debate de nossas pautas pelos camaradas de arquibancada. Uma das conquistas é esse respeito dos nossos irmãos"⁴⁶⁵.

Palmeiras de todos?

Diante desse panorama de coletivos políticos palmeirenses surgidos nos últimos anos, é notável na elaboração discursiva comum a suas atuações a referência recorrente a uma concepção da composição clubística caracterizada pelo acolhimento e, sobretudo, da afirmação das diversidades na imaginação sobre a própria torcida. O mote emblemático que se manifesta nessa discursividade é a ideia de um "Palmeiras de todas e todos"⁴⁶⁶, evocada pelos diversos coletivos em seus textos, ações e publicações em suas páginas nas redes sociais. Essa mesma máxima passou a ser ostentada pela própria Sociedade Esportiva Palmeiras a partir do ano de 2020 na forma de uma ampla campanha a favor da diversidade⁴⁶⁷, expres-

---

⁴⁶⁴ *Idem.*
⁴⁶⁵ *Idem.*
⁴⁶⁶ Trabalhei esta percepção, relativa à atuação dos coletivos palmeirenses, na parte introdutória de minha pesquisa de mestrado. Ver: Micael L. Zaramella Guimarães. *O Palestra Italia em disputa*: fascismo, antifascismo e futebol em São Paulo (1923–1945). Dissertação de Mestrado, São Paulo, FFLCH, Universidade de São Paulo, 2021, p. 17.
⁴⁶⁷ Ver 'Palmeiras de todos': clube abre 2020 com discurso a favor da diversidade. *Lance!*, 1º jan. 2020. Disponível em: encurtador.com.br/KRT56 (acesso em 3 mai. 2021).

sando-se na criação de peças de comunicação referenciando datas como o Dia da Consciência Negra[468], o Dia do Combate à Discriminação Racial[469] e o Dia Internacional do Orgulho LGBTQIA+[470], além de posicionamentos mais enfáticos da agremiação, como a publicação contra o racismo realizada em 1º de junho de 2020 junto às *hashtags* #BlackLivesMatter, #VidasNegrasImportam e #PalmeirasDeTodos, no contexto das manifestações ocorridas em escala internacional após a morte de George Floyd pela polícia de Minneapolis, Estados Unidos[471].

Em certo sentido, é inevitável a percepção de que a insistência de setores da torcida palmeirense em torno da valorização de tais pautas e da associação da imagem do clube a elas criou um ambiente propositivo, e a leitura pelos setores de comunicação palmeirenses vislumbrou a pertinência de sua incorporação à discursividade oficial e institucional da agremiação. Simultaneamente, entretanto, os limites da ideia de um "Palmeiras de todos" carregada como mera peça discursiva do clube têm sido denunciados pelos mesmos coletivos, que anteveem avanços, mas consideram

---

[468] Ver a publicação "Neste Dia Nacional da Consciência Negra, reafirmamos nossa luta diária contra o racismo!", realizada pela S. E. Palmeiras em sua página na rede social Twitter em 20 de novembro de 2021. Disponível em: twitter.com/palmeiras/status/1462073256521789451 (acesso em 8 jun. 2022).

[469] Ver o material produzido pelo Observatório de Discriminação Racial no Futebol compartilhado pela S. E. Palmeiras com as cores do clube em sua página na rede social Twitter. Disponível em: twitter.com/palmeiras/status/1411421990729129985 (acesso em 8 jun. 2022).

[470] Ver o vídeo "Vista-se de verde, branco e respeito! O Palmeiras é e sempre será de todos", produzido pela S. E. Palmeiras e publicado em suas redes sociais. Disponível em: twitter.com/palmeiras/status/1409504355393302529 (acesso em 8 jun. 2022).

[471] Ver publicação realizada pela S. E. Palmeiras em sua página na rede social Instagram. Disponível em: www.instagram.com/p/CA6CWI1jUbL/?igshid=MDJmNzVkMjY%3D (acesso em 7 jun. 2022).

que a agremiação ainda sustenta diversos aspectos estruturais que contradizem a máxima democrática e inclusiva.

Conforme relatado por integrantes do coletivo Palmeiras Livre em entrevista, "temos observado posicionamentos positivos através de peças de *marketing*, o que é bonito nas imagens e nas frases de impacto, mas infelizmente, ainda precisa se concretizar na prática. Buscamos a inclusão real"[472]. Integrantes das VerDonnas também ressaltam, em entrevista, que "os preços dos ingressos sem nenhuma política voltada para pessoas que não conseguem pagar são empecilhos para tornar o clube realmente mais inclusivo e democrático"[473], suspeita equivalente à de Alessandro Buzo, agitador cultural responsável pelo Sarau Suburbano, que expõe as contradições desse "Palmeiras de todos" em obra recentemente publicada, de forma independente, sobre sua relação com o clube. De acordo com Buzo, "uma das pautas que se faz presente no momento é 'Um Palmeiras de Todos', mas precisa de ações para popularizar o clube e não deixar ele com a cara que querem pintar, de uma torcida branca, classe média da Pompeia"[474].

Os limites da institucionalização do "Palmeiras de todos" e sua utilização pelo clube em peças de comunicação também se tornaram, no ano de 2022, objetos de crítica da torcida organizada Mancha Verde, dirigidas especialmente aos preços dos ingressos cobrados pelo clube. Em nota publicada pela torcida em 31 de maio intitulada "Ingressos: o Palmeiras não era de todos?", por exemplo, a entidade denuncia a presidente do clube, Leila Pereira, por ter se comprometido a reduzir o valor das entradas durante sua campanha à presidência do clube, mas depois não ter cumpri-

---

[472] Relato concedido por integrantes do coletivo Palmeiras Livre em entrevista realizada em 1º jun. 2022.
[473] Relato concedido por integrantes do coletivo VerDonnas em entrevista realizada em 29 mai. 2022.
[474] Alessandro Buzo. *Torcida que canta e vibra*. São Paulo: 1s Editora, 2022, contracapa.

do com sua promessa[475]. Durante as partidas do clube, no mesmo período, a torcida entoou cantos como "ô lelê, ô lalá, o povo tá pedindo ingresso popular" e "ô tia Leila, preste atenção, você não é a dona do verdão"[476].

Esses posicionamentos, acerca de questões que permeiam as experiências próprias da torcida palmeirense e compartilhados por vozes distintas que atuam entre as fileiras torcedoras, sugerem que a defesa de valores democráticos praticada por militantes e torcedores/as palmeirenses demanda também uma consistente atuação nas esferas institucionais e propriamente referentes à política interna do clube, em aliança comum às práticas já identificadas e aqui apresentadas. Essa é a tarefa concebida pelo coletivo Ocupa Palestra, formado em 2017, e cuja atuação será discutida a seguir.

---

[475] Ver "Ingressos: o Palmeiras não era de todos?", nota publicada pela torcida Mancha Verde em sua página na rede social Instagram. Disponível em: www.instagram.com/p/CeOmmM1u_EX/ (acesso em 7 jun. 2022).

[476] Ver vídeo publicado pela página Mídia Palmeirense na rede social Instagram Disponível em: www.instagram.com/p/Ceby6b2pYCv/ (acesso em 21 jun. 2022).

6. Arenização, cerco e atuação do coletivo Ocupa Palestra

Em 22 de maio de 2010, o Palmeiras disputava contra o Grêmio a sua última partida oficial no Estádio Palestra Itália, também conhecido como Parque Antarctica[477]. No dia 9 de julho, a equipe alviverde ainda realizaria uma partida amistosa contra a equipe argentina do Club Atlético Boca Juniors[478], que efetivaria o definitivo adeus dos torcedores/as palmeirenses ao histórico estádio do clube. Tanto a vitória contra a equipe gaúcha (por 4 a 2) quanto a derrota para o clube argentino (por 2 a 0) configuravam despedidas carregadas de significados, visto que antecediam a efetiva demolição da praça esportiva para a construção de uma nova, então concebida de acordo com o conceito de "arena", cada vez mais dominante nos imaginários de modernização do cenário futebolístico nacional e global.

A história do estádio palmeirense, em si, já vinha atravessada por uma carga ampla de significados socioculturais: o Parque Antarctica configurava uma importante praça esportiva desde os primeiros anos do século xx, caracterizando-se, então, não apenas

---

[477] Ver "Há dez anos, Palmeiras vencia no último jogo do Palestra Itália". *Lance!*, 22 mai. 2020. Disponível em: www.lance.com.br/palmeiras/dez-anos-goleava-ultimo-jogo-palestra-italia.html (acesso em 18 jun. 2022).

[478] Ver "Boca evoca Libertadores e estraga festa do Palmeiras na despedida do Palestra". uol *Esporte*, 9 jul. 2010. Disponível em: www.uol.com.br/esporte/futebol/ultimas-noticias/2010/07/09/boca-evoca-libertadores-e-estraga-festa-do-palmeiras-na-despedida-do-palestra.jhtm (acesso em 18 jun. 2022).

por abrigar partidas do circuito oficial de futebol da cidade[479], mas também por sua relevância no âmbito do lazer em uma São Paulo que se industrializa, aumentava sua população e demandava espaços para abrigar as atividades do tempo livre operário[480]. Foi nesse importante polo de práticas esportivas e comunitárias que, após a aquisição de parte de seu terreno pelo clube na década de 1920, iniciaram-se os projetos do primeiro estádio palestrino, cuja inauguração se deu no ano de 1933, mesmo com parte das obras ainda incompletas[481].

Nas décadas de 1950 e 1960, novas reformas modificaram a aparência do estádio, aproximando-o de sua forma mais conhecida, caracterizada pelo formato de ferradura e o memorável fosso entre as arquibancadas e o campo, lastreando a denominação de "jardim suspenso" que passaria a ser atribuída à praça esportiva palmeirense. Esse foi, por décadas, o estádio que abrigou as diversificadas experiências torcedoras referenciadas no capítulo 3: em suas arquibancadas, surgiram as primeiras agrupações uniformizadas e organizadas, e, ao longo de décadas, se constituíram experimentos visuais contundentes da torcida palmeirense, com bandeirões, faixas, tirantes, bandeiras de mastro, bexigas, e a partir da década de 2000, os mosaicos realizados de forma pioneira pela Mancha Verde[482].

Nas arquibancadas do jardim suspenso, a diversificada composição popular da multidão torcedora também constituía uma

---

[479] João Paulo França Streapco. *Cego é aquele que só vê a bola*: o futebol paulistano e a formação de Corinthians, Palmeiras e São Paulo. São Paulo: Editora da Universidade de São Paulo, 2016, p. 29-30.

[480] Diógenes Rodrigues de Sousa. *Parque Antarctica*: um patrimônio do lazer na cidade de São Paulo no início do século XX. Trabalho de conclusão de curso, São Paulo, Universidade Federal de São Paulo, 2014, p. 19.

[481] Streapco, *op. cit.*, p. 31.

[482] Ver referência retrospectiva à realização dos mosaicos em publicação da Mancha Verde realizada em sua página na rede social Instagram. Ver: www.instagram.com/p/Cb8bu9TJhfX/ (acesso em 17 jun, 2022).

experiência particularmente democrática da vivência futebolística, temperada com caracteres singularmente próprios da convivência palmeirense: alguns desses elementos são explorados pelo compositor paulistano Douglas Germano no samba *Seu Ferreira e o Parmera*, tais como o deslocamento até o estádio, a convivência torcedora no pré-jogo acompanhada de cerveja, "calabresa ao vinagrete" e palpites esportivos, a cultura do "radinho de pilha", pelo qual muitos torcedores acompanhavam a narração da partida desde as arquibancadas, o batuque das organizadas e o amendoim mastigado entre as queixas e críticas dirigidas a jogadores e árbitros[483].

Em entrevista concedida ao *podcast* Palestra, Povo e Festa, o sambista referencia memórias familiares e vínculos com figuras do samba, das quais herdou vivências nas arquibancadas palmeirenses, mesmo não sendo, ele próprio, torcedor do clube. Dentre essas histórias, Douglas Germano destaca a figura de Everaldo Ferreira da Silva, um dos muitos amigos palmeirenses que o sambista acompanhou e com quem criou vínculo, e que inspirou a letra a partir de suas narrativas sobre sua relação com o time. De acordo com o compositor, a vivência de Seu Ferreira era atravessada por uma paixão muito própria da cultura futebolística:

> Pra muita gente é assim. Por quê? Porque tem essa cultura. Porque é um evento, e é um evento sensacional porque envolve a paixão, entendeu? E é uma paixão muito sincera, é uma paixão, assim, que não quer nada em troca, é uma paixão que por si só é feliz com ela mesma. Ela é feliz por existir[484].

---

[483] Ver letra da canção "Seu Ferreira e o Parmera", de Douglas Germano, incluída no álbum Ori. Ver: Douglas Germano. *Orí*. São Paulo: BAC Discos, 2011. 1 CD.

[484] *Palestra, Povo e Festa # 12*. Locução de Tainá Shimoda, Felipe Vaitsman e Daniel Costa. São Paulo: Palestra, Povo e Festa, 14 jul. 2021. Disponível em: anchor.fm/ocupa-palestra (acesso em 17 jun. 2022).

Ao mesmo tempo, descolando-se de uma vinculação automática e exclusiva com a coletividade ítalo-paulistana e seus descendentes, o universo de tais vivências torcedoras foi profundamente atravessado, ao longo do século XX, pela expansão de uma composição cada vez mais diversificada. Dentre essa multiplicação de componentes, um aspecto de destaque percebido já nas primeiras décadas do clube expressava-se na contínua relação com segmentos do operariado da zona oeste da cidade: a proximidade do estádio com os galpões das Indústrias Reunidas Francisco Matarazzo propiciava uma interação direta entre a experiência torcedora e os trabalhadores fabris da empresa. Conforme o depoimento do torcedor Matheus Wanderley Rodak, parte da torcida era conhecida como a "colônia fabril da Rua Turiaçu", porque recorrentemente Matarazzo liberava os operários para verem os jogos do Palmeiras[485].

Essa interação foi plasticamente representada na emblemática fotografia de Pedro Martinelli, em que as arquibancadas lotadas do Palestra Itália, em primeiro plano, são complementadas pela chaminé em funcionamento das fábricas de Matarazzo ao fundo[486].

Datada do dia 1º de maio de 1971, a fotografia de Martinelli traduz, em certa medida, os suspiros finais de um imaginário específico de modernidade projetado sobre a cidade de São Paulo ao longo do século XX, no qual a fábrica e o estádio de futebol se apresentavam como componentes centrais. Constituindo-se, ambos, palcos de uma cultura física própria do imaginário moderno, também se caracterizavam como ambientes das multidões inerentes ao contexto histórico moderno, cujo tempo dividido entre tra-

---

[485] Wanderley Matheus Rodak. *Wanderley Matheus Rodak* (depoimento, 2014). Rio de Janeiro, CPDOC/Fundação Getulio Vargas (FGV), 2019, p. 2.
[486] A fotografia foi vencedora do Concurso de Fotografia da Revista Realidade, conforme relatado pelo próprio Pedro Martinelli em comentários sobre seu trabalho, publicados em blogue pessoal. Ver: "1º de maio". Blog Pedro Martinelli, 1º mai. 2009. Disponível em: http://www.pedromartinelli.com.br/blog/1%C2%BA-de-maio/ (acesso em 15 jun. 2022).

balho e lazer intercalava, no cotidiano de muitos trabalhadores/as, a linha de produção e a arquibancada de um jogo de futebol.

À medida que nos aproximamos do século XXI, entretanto, diversos aspectos dessa imagem viriam a se esvanecer em um processo marcado por intensas transformações nas relações de trabalho, na concepção urbanística das cidades e nos próprios componentes do circuito futebolístico. A conotação de "modernização", continuamente repaginada em distintos contextos da história do futebol, passaria a assumir uma roupagem caracterizada pela intensificação da mercantilização do esporte, associada a uma reordenação dos espaços torcedores: a nível global, especialmente após o episódio da Tragédia de Hillsborough[487] as medidas de repressão a culturas torcedoras identificadas como "violentas" tornaram-se uma das justificativas discursivas fundamentais para uma progressiva conversão da prática torcedora em uma experiência consumidora controlada, orientada pela ascensão de valores neoliberais na política do futebol. Nessa nova lógica, de acordo com o antropólogo Luiz Henrique Toledo,

> [...] importa menos usufruir do imaginário torcedor, da paixão contrastiva e seus efeitos estéticos multiplicadores nos estádios que aprimorar, fora deles, os mecanismos tangíveis de extração absoluta de uma espécie de "mais valia afetiva" convertidas em *souvenires*,

---

[487] Incidente ocorrido em 15 de julho de 1989 durante uma partida entre os clubes Liverpool e Nottingham Forest, em que a superlotação de setores populares do estádio levou ao esmagamento e à morte de 96 pessoas e centenas de feridos/as. Além de culpabilizar os torcedores *hooligans*, atribuindo a seu comportamento parte da responsabilidade pelo sucedido, as investigações produziram uma série de dados que seriam utilizados como base para a reformulação dos espaços torcedores nos estádios, extinguindo os *terraces* (setores populares e mais baratos) e implementando cadeiras numeradas. Ver Irlan Simões. *Clientes* versus *rebeldes*: novas culturas torcedoras nas arenas do futebol moderno. Rio de Janeiro: Editora Multifoco, 2017, p. 124–133.

pay-per-view, comodidades e hábitos de classe ainda inacessíveis ao torcedor popular[488].

De tal modo, a materialização dessa ascendente investida mercadológica sobre o futebol se deu, no nível global, através da intensificação de medidas que transformassem a experiência do espectador-torcedor, oferecendo atrativos à presença nos estádios desde a perspectiva do consumo: brindes, instalações confortáveis, atrações nos intervalos das partidas, benefícios vinculados à adesão a planos de sócio-torcedor, entre outros aspectos que buscavam potencializar a diversificação de possibilidades comerciais em torno de uma partida de futebol[489]. A quem não pudesse frequentar os estádios – inclusive por decorrência do aumento do valor dos ingressos –, ofertava-se a experiência do consumo televisivo do esporte, ao qual também se agregaram possibilidades comerciais a partir da exposição de marcas, produtos e patrocinadores, indiretamente consumidos pelos espectadores dentro do mesmo pacote da transmissão de uma partida.

Futebol "moderno"

No ambiente futebolístico europeu, a agressiva investida desse modelo mercantilizado de futebol tornou-se objeto de repúdio dos torcedores organizados tradicionais, como os chamados *ultras*[490].

---

[488] Luiz Henrique Toledo. Políticas da corporalidade: sociabilidade torcedora entre 1990–2020. In: Bernardo Buarque de Hollanda; João M. C. Malaia; Victor Andrade de Melo; Luiz Henrique de Toledo. *A torcida brasileira*. Rio de Janeiro: 7Letras, 2012, p. 157.

[489] Irlan Simões referencia o deslocamento conceitual percebido pelo sociólogo inglês Anthony King a respeito do público nos estádios, que em fins dos anos 1980 deixam de ser entendidos como "torcedores" e passam a ser concebidos como "clientes". Ver Simões, *op. cit.*, p. 233.

[490] Denominação atribuída aos grupos organizados de torcedores/as, em modelo originalmente surgido na Itália e posteriormente difundido

Suas formas de torcer, caracterizadas por intensidade e fanatismo que permitem uma aproximação com as torcidas organizadas no cenário brasileiro – com devidas particularidades que aqui não nos cabem aprofundar[491] – viram-se progressivamente reprimidas e banidas dos novos ambientes futebolísticos, tanto pela exclusão econômica (o aumento dos ingressos e o afastamento das classes mais populares dos estádios) quanto por sua própria arquitetura (a instalação de cadeiras e reordenação dos setores desconsiderando as práticas culturais de tais torcedores). No final dos anos 1990, na linguagem própria dessas culturas torcedoras, o repúdio a esse novo modelo passou a ser referenciado pelo uso do termo "futebol moderno"[492].

Conforme assinalado pelo pesquisador Irlan Simões, as conotações do termo "moderno" adquiriram significados diversos em tal contexto, e um aspecto sintomático dessa polissemia se verificaria diretamente na composição do imaginário de repúdio ao "futebol moderno" proclamado por grupos politicamente antagônicos de torcedores europeus, da extrema direita à extrema esquerda. Na discursividade dos primeiros, a crítica ao "futebol moderno" parece centrar-se na oposição às tonalidades liberais da reformulação dos estádios enquanto espaços de consumo, visto que sua ênfase em atrair torcedores/as comuns de classe média ou classe média alta demandaria a supressão de culturas torcedoras mais fanáticas. O eixo central da crítica carrega forte tom nostálgico, imaginando um passado futebolístico (pré-moderno?) mais autêntico, no qual

---

por toda a Europa. Ver: Simões, *op. cit.*, p. 122.

[491] O antropólogo Luiz Henrique Toledo, em clássico artigo intitulado "Transgressão e violência entre torcedores de futebol", traça um panorama de aproximações comparativas e substanciais diferenças na composição das agrupações *hooligans* e a cultura própria das torcidas organizadas brasileiras. Ver: Luiz Henrique Toledo. Transgressão e violência entre torcedores de futebol. *Revista* USP, n. 22, 1994, p. 92–101.

[492] Simões, *op. cit.*, p. 240–241.

o fanatismo e suas manifestações (inclusive violentas) mantinham um espaço componente de protagonismo. De acordo com Simões, o eixo central das reivindicações se desdobra, nesse caso, a partir da defesa de elementos como "masculinidade, virilidade, honra, tradição e nacionalismo"[493].

Na conotação das abordagens à esquerda, por sua vez, a crítica ao "futebol moderno" concebe substancialmente a "modernidade" como sinônimo da mercantilização, assumindo perspectivas de classe particularmente anticapitalistas na crítica a esse modelo[494]. De tal modo, não raro o termo "futebol moderno" também é substituído pelo termo "futebol-negócio"[495]. A mescla desses aspectos discursivos também cruza os espectros políticos, verificando-se seu enredamento em ações realizadas pelas torcidas *ultras* até os dias atuais: tanto a crítica à mercantilização quanto o tom nostálgico parecem transitar com facilidade na composição discursiva de torcedores/as orientados/as pelas mais diversas correntes políticas, do antifascismo ao neonazismo.

No Brasil, a primeira década do século XXI passou a ambientar a instalação de problemáticas similares no cenário futebolístico local, tanto no âmbito da mercantilização do esporte quanto nas respostas torcedoras e na composição de sua discursividade crítica. O ciclo de realização de megaeventos esportivos, com especial destaque aos Jogos Panamericanos e Para-Pan (2007), à Copa das Confederações (2013), à Copa do Mundo de Futebol (2014) e aos Jogos Olímpicos e Paraolímpicos (2016)[496], impulsionou com for-

---

[493] *Idem*, p. 242.
[494] *Idem*, p. 243.
[495] *Idem*, p. 241.
[496] Outros eventos esportivos de expressão e escala internacional também ocorreram no Brasil nesse período, como os Jogos Mundiais Militares (2011) e os Jogos Mundiais dos Povos Indígenas (2015). Optamos, entretanto, por destacar aqueles que se utilizaram e incidiram diretamente na construção e reformulação de praças esportivas existentes. Ver: Flavio de Campos. O lulismo em campo: aspectos da relação entre

ça o processo de transformação das praças esportivas, efetivando a chamada *arenização* dos estádios brasileiros[497]. Nas arquibancadas, por sua vez, as vozes críticas ao processo de exclusão econômica deflagrado pelo aumento dos ingressos nas novas arenas, associado a outros fatores de incidência sobre as culturas torcedoras, também incorporaram em sua discursividade o "ódio eterno ao futebol moderno", carregando a mesma combinação de denúncias à mercantilização e idealização de um passado futebolístico carregado de autenticidade[498].

Na esfera palmeirense, esses imaginários rapidamente se viram atravessados materialmente pela remodelação completa do estádio. O antigo Estádio Palestra Itália foi demolido para que pudesse surgir o novo e moderno Allianz Parque, em um processo que reafirmava a velha máxima de "destruição criadora" característica da modernidade[499]: o velho precisava morrer e ser varrido da paisagem para que o novo pudesse se afirmar, e o entusiasmo pela nova arena não necessariamente antagonizava com a preservação carinhosa e nostálgica, na memória, do antigo estádio palmeirense enquanto um espaço imaginário de afeto. Nas palavras do jornalista palmeirense Mauro Beting, "é o progresso. Necessário avanço. [...] no fundo, podemos perder a casa. Não o nosso lar"[500].

---

esportes e política no Brasil. In: Gilberto Maringoni; Juliano Medeiros (Orgs.). *Cinco mil dias*: o Brasil na era do lulismo. São Paulo: Boitempo Editorial; Fundação Lauro Campos, 2017, p. 241.

[497] Martin Curi. Novos estádios de futebol para o Brasil: uma arquitetura *most-modern*? In: Enrico Spaggiari; Giancarlo Marques Carraro Machado; Sérgio Settani Giglio (Orgs.). *Entre jogos e copas*: reflexões de uma década esportiva. São Paulo: Intermeios/FAPESP, 2016, p. 55.

[498] Simões, *op. cit.*, p. 254.

[499] Guilherme Wisnik. *Dentro do nevoeiro*: arquitetura, arte e tecnologia contemporâneas. São Paulo: Ubu Editora, 2018, p. 229.

500 Mauro Beting. O velho Palestra, nossa casa. In: Alessandro Buzo. *Torcida que canta e vibra*. São Paulo: IS Editora, 2022, p. 20.

Na prática, entretanto, logo ficou evidente que a remodelação do estádio não era mera readequação estética ou espacial da praça esportiva aos preceitos arquitetônicos em alta no contexto nem, tampouco, necessariamente um sinônimo imediato de melhorias para a experiência torcedora (a despeito de sua sustentação por uma discursividade tecnicista)[501]. A cobertura do estádio garantiria que os/as espectadores/as não mais se molhassem enquanto assistissem às partidas em dias de chuva, assim como as cadeiras instaladas em todos os setores da arena se traduziriam supostamente em maior conforto. O cardápio das lanchonetes oferecia maior diversidade, conformando progressivamente a arena palmeirense num espaço apto a maior diversidade de atividades de consumo, para além da partida de futebol em si[502]. Tais características, evidentemente, não eram exclusividade da arena palmeirense, figurando com caracteres próprios nas diversas arenas inauguradas Brasil afora no mesmo período.

Trata-se, portanto, de um modelo – correlacionado à própria noção de *modernidade* no discurso de seus entusiastas[503] – carregado de escolhas e objetivos, fundamentalmente alinhados a uma intensificação da mercantilização do futebol. De tal modo, sua implementação em larga escala, a partir de uma difusão dos imaginários de modernidade que sustentam a combinação de

---

[501] Flávio de Campos. Arquitetura da exclusão: apontamentos para a inquietação com o conforto. In: Flavio de Campos; Daniela Alfonsi (Orgs.). *Futebol objeto das ciências humanas*. São Paulo: Leya, 2014, p. 350.

[502] No caso do Allianz Parque destaca-se a realização recorrente de *shows* e eventos de grande porte e público, incidindo diretamente na própria agenda de compromissos esportivos da equipe palmeirense, que nessas ocasiões é forçada a jogar suas partidas em outros estádios. Esse modelo é discutido na bibliografia sobre estádios e arenização, por autores como John Bale, que se utiliza do conceito de "other-directedness" para referir-se à multifuncionalidade assumida pelas novas arenas, com finalidades de exploração econômica. Ver: Bale apud Curi, *op. cit.*, p. 66.

[503] Curi, *op. cit.*, p. 76–77.

seus fatores, também transcendia a esfera específica da Sociedade Esportiva Palmeiras: nas palavras de Luiz Gonzaga Belluzzo, que participou das negociações com a construtora WTorre e posteriormente presidiu o clube, "essas são as condições de sobrevivência dos clubes no futebol 'financeirizado' de hoje"[504].

O Allianz Parque e seu entorno

É fato, entretanto, que a inauguração da arena carregou uma série de transformações controversas na esfera torcedora palmeirense, nas quais o caráter excludente da mercantilização dos estádios se explicitou com o aumento imediato dos ingressos e a dificuldade dos torcedores não associados para comprá-los, além de uma transformação significativa do público presente nas partidas, notavelmente mais elitizado. Simultaneamente, as ruas do entorno do estádio, historicamente caracterizadas pela presença e ocupação de grupos torcedores, passaram a acolher de modo intensificado palmeirenses que economicamente viram-se excluídos/as da nova arena: a territorialidade conformada pela presença de bares, estabelecimentos comerciais, sedes de torcidas organizadas e moradia de palmeirenses, nas ruas do entorno, rapidamente assumiu a vivacidade que caracterizava, anteriormente, as arquibancadas alviverdes. A aglomeração de palmeirenses em dias de jogo, acompanhando partidas decisivas pela televisão dos bares ou em telões instalados pelos/as próprios/as torcedores/as, vinha acompanhada de cantos, bateria, bandeiras de mastro, faixas penduradas nas ruas, churrasqueiras improvisadas, cerveja, rojões e sinalizadores, aspectos da cultura torcedora que já se faziam presente na região anteriormente e permanecem vigentes na ocupação atual, mas que se viram in-

---

[504] Ver "Belluzzo sobre o Allianz Parque: 'para os adversários, acabou sendo um péssimo negócio'. *Torcedores*, 20 fev. 2018. Disponível em: www.torcedores.com/noticias/2018/02/belluzzo-sobre-o-allianz-parque-para-os-adversarios-acabou-sendo-um-pessimo-negocio (acesso em 17 jun. 2022).

tensificados entre os anos de 2014 (centenário do clube e inauguração do Allianz Parque) e 2015 (conquista da Copa do Brasil)[505].

O aumento da ocupação torcedora na região ocasionou reações de setores diversos, como elementos da associação de moradores do bairro, a administração de um *shopping center* localizado nos arredores e figuras da própria administração da Sociedade Esportiva Palmeiras, à época presidida por Paulo Nobre. Foi nesse contexto que, a partir do dia 23 de outubro de 2016, trechos da Rua Palestra Itália e das ruas Diana e Caraíbas (principais pontos de reunião torcedora em dias de jogos) passaram a ser bloqueados por um cerco controlado por agentes da empresa administradora dos ingressos da arena e vigiado por policiais militares, que restringiam a passagem e entrada exclusivamente aos/às torcedores/as que apresentassem ingresso para a partida. Tal prática, chancelada pelo Ministério Público e vigente até a atualidade, se utilizava do argumento da segurança para justificar sua implantação[506], afirmando que o aumento de furtos na região teria sido fator crucial para a implementação da medida de restrição à circulação torcedora, visando coibir aglomerações e, consequentemente, as práticas criminosas.

A lógica de sua aplicação e justificativa discursiva, notavelmente, se alinha à percepção delineada pelo antropólogo Luiz Henrique Toledo acerca dos processos de elitização dos espaços torcedores. De acordo com o autor,

---

[505] Ver descrições realizadas por Mariana Carolina Mandelli. *Allianz Parque e Rua Palestra Itália*: práticas torcedoras em uma arena multiúso. Dissertação de Mestrado. São Paulo, Faculdade de Filosofia, Letras e Ciências Humanas da Universidade de São Paulo, 2018.

[506] Vide declarações de Paulo Nobre, então presidente da Sociedade Esportiva Palmeiras. Ver "Paulo Nobre se diz favorável ao cerco da pm no entorno do Allianz Parque". *Lance!*, 6 nov. 2016. Disponível em: www.lance.com.br/palmeiras/paulo-nobre-diz-favoravel-cerco-entorno-allianz-parque.html (acesso em 17 jun. 2022).

Esse recuo do espaço de expressão, da experimentação torcedora coletivizada, perda do espaço da rua e da sociabilidade em troca de um racionalismo seguro, asséptico e individualista que se quer imputar à emoção torcedora e a todos os excessos inevitáveis decorrentes da experiência coletiva de torcer, cumprem uma agenda política de exclusão simbólica dos torcedores economicamente mais fragilizados[507].

Sintomaticamente, a abordagem do cerco fundamentalmente centrada no porte de ingresso concebia a rua como espaço de mera passagem até a entrada do estádio, e não como espaço caracterizado por um uso próprio, construído na prática pelos/as torcedores/as. Concepção absolutamente cínica, obviamente, que ignora, nos termos de Irlan Simões, "o clube, o estádio e a cultura torcedora […] como bens comuns"[508], enxergando os torcedores como meros e passivos espectadores-consumidores, e não enquanto agentes ativos da cultura futebolística.

Ocupa Palestra

De acordo com Wanderlei Laurino, comerciante da Rua Caraíbas, o primeiro bloqueio realizado no entorno do Allianz Parque se deu sem nenhum tipo de aviso prévio, na noite de uma partida entre Palmeiras e Sport. Na ocasião, conforme rememorado pelo palmeirense, o conjunto de comerciantes, torcedores e torcedoras reunia-se perplexo em frente a um dos bares da rua, quando um deles proferiu: "Agora não tem direita nem esquerda. É todo mundo contra essa bosta"[509].

Episódios posteriores ainda viriam a reforçar o caráter arbitrário e autoritário do cerco, como na partida entre Palmeiras e

---

[507] Toledo, *op. cit.*, 2012, p. 156–157.
[508] Simões, *op. cit.*, p. 281.
[509] Relato concedido por Wanderlei Laurino, em entrevista realizada em 25 mai. 2022.

Chapecoense, em dezembro de 2016, quando o clube se sagrou campeão brasileiro após 22 anos. Dias antes da realização do jogo, o próprio técnico palmeirense Cuca realizara publicamente um apelo à diretoria do Palmeiras para que abrisse a rua, instalasse um telão e permitisse aos/às torcedores/as a celebração coletiva do título engasgado há anos[510]. No dia 27 de dezembro, entretanto, o bloqueio manteve-se vigente nas proximidades do estádio, o que não inibiu a presença de milhares de palmeirenses que se reuniram em bares localizados nas ruas adjacentes (externas à área bloqueada), avenidas, esquinas e postos de gasolina. O dia de festa terminou com confusão deflagrada pela atuação da polícia perante a aglomeração torcedora: "um fuzuê de bomba pra todo lado da rua"[511], conforme relato de Wanderlei Laurino.

Diante do cenário consolidado pela instalação do cerco e das questões que levantava, reuniões organizadas por palmeirenses insatisfeitos começaram a ocorrer, e no final de 2017, um grupo de torcedores e torcedoras criou o coletivo Ocupa Palestra. O principal articulador da primeira reunião foi Vladimir Galli, o "Vlad", que nos relatou em entrevista o processo de criação do coletivo:

> O cerco era um negócio que parecia que ia ser para poucos jogos, mas daí a gente percebeu que pelo visto iam manter, e começou a ficar mais rígido. Daí ali perto do fim de 2017, outubro para novembro, eu comecei a conversar com algumas pessoas: o Flávio de Campos[512],

---

[510] Ver "Cuca se opõe a cerco ao Palestra Itália e pede telões instalados na rua". *Gazeta Esportiva*, 25 nov. 2016. Disponível em: www.gazetaesportiva.com/times/palmeiras/cuca-se-opoe-ao-cerco-ao-palestra-italia-e-pede-teloes-instalados-na-rua/ (acesso em 17 jun. 2022).

[511] Relato concedido por Wanderlei Laurino, em entrevista realizada em 25 mai. 2022.

[512] Flavio de Campos é historiador, palmeirense e participou da fundação do coletivo Ocupa Palestra. É professor do Departamento de História da Faculdade de Filosofia, Letras e Ciências Humanas da Universidade de São Paulo.

alguns outros amigos, fui reunindo pessoas... conheci a Anna, tinha o Derlei ali, pessoal que eu já conhecia. Daí foi juntando, as pessoas também foram passando uma pra outra e a gente combinou uma primeira reunião ali perto do estádio. Ali foi a fundação[513].

Anna Olímpia, que integra o coletivo desde sua fundação, comenta que torcedores/as que já compunham outros coletivos e movimentos aderiram às reuniões, o que ofereceu uma pluralidade rica de perspectivas para a atuação do grupo. Integrantes da Palmeiras Antifascista que se aproximaram do coletivo sugeriram a realização de ações diretas, como a colagem de lambes e a elaboração de faixas de protesto para serem levadas aos jogos[514], ao mesmo tempo que palmeirenses familiarizados/as com a vida interna do clube social trouxeram pautas relativas a esse ambiente, e conselheiros com experiência na política do clube também aportavam suas perspectivas. Na percepção de Anna, entretanto, foi a reunião em torno de uma pauta central (o cerco) o que mais ofereceu força ao crescimento do coletivo:

> Vieram pessoas novas, e pessoas que também já estavam em composições anteriores, mas a gente focou em um tema. Porque se a gente abre muito o leque, a gente perde o foco, não é?! Então juntou um bom grupo, estava Derlei, estava o professor Flávio, estava o Gama, estava gente da 'antifa'[515].

---

[513] Relato concedido por Vladimir Galli em entrevista realizada em 15 jun. 2022.

[514] Algumas destas ações, realizadas principalmente no ano de 2018, foram objeto de publicações do coletivo em sua página na rede social Instagram. Ver www.instagram.com/ocupa_palestra/ (acesso em 18 jun. 2022).

[515] Relato concedido por Anna Olímpia em entrevista realizada em 1º jun. 2022.

Durante o primeiro ano do Ocupa Palestra, suas ações foram se expandindo progressivamente em torno de pautas torcedoras que percebiam o cerco como um instrumento de exclusão social, e consequentemente, atrelado a um processo de elitização das diversas esferas futebolísticas do clube. No manifesto de lançamento do grupo, essa perspectiva já se expressava com clareza, ao combinar as críticas ao bloqueio das ruas do entorno à percepção de que "os preços de ingressos para um jogo no Allianz Parque são proibitivos para inúmeras famílias palmeirenses"[516]. Sobre essa expansão das pautas, Vlad rememora que

> [...] vimos que a questão realmente tinha que ser o cerco e como acabar com ele. Mas rapidamente a gente acabou entrando também na questão do ingresso, e depois foi pegando algumas outras questões. Pautas de arquibancada mesmo: a Conmebol proibindo várias coisas, a gente entrou com uma faixa também, e aqui no Brasil fomos uma das únicas torcidas...[517].

Progressivamente, as ações foram se organizando na forma de campanhas: além do mote "Libera a rua", difundido pelo coletivo através de ações com lambes e faixas em jogos do clube, a campanha "Ingresso caro, não" foi organizada junto a outros coletivos e movimentos de torcedores/as Brasil afora, articulados em frentes

---

[516] O "Manifesto Ocupa Palestra" pode ser lido na íntegra em publicação realizada na página do coletivo na rede social Instagram. Disponível em: www.instagram.com/p/BeGUr7UnncJ/ (acesso em 15 jun. 2022).

[517] Relato concedido por Vladimir Galli em entrevista realizada em 15 jun. 2022. Vlad se refere a uma ação realizada por torcidas de clubes diversos da América do Sul diante de proibições da Conmebol, em partidas de competições oficiais da entidade. Na ocasião, as torcidas esticavam faixas com os dizeres "Conmebol no mates la fiesta", que os integrantes do Ocupa Palestra traduziram para "Conmebol não mate a festa". Foto da ação está na página do coletivo na rede social Instagram. Disponível em: www.instagram.com/p/Bi5BaaAnnHG/ (acesso em 15 jun. 2022).

conjuntas construídas inicialmente através do coletivo FMD (Futebol, Mídia e Democracia)[518] e posteriormente através da FNFP (Frente Nacional pelo Futebol Popular)[519]. Para além de uma palavra de ordem, a pauta relativa ao preço dos ingressos procurava se organizar de forma propositiva pelo coletivo, referenciando, por exemplo, experiências bem-sucedidas de modalidades populares de sócio-torcedor implementadas por clubes como o S. C. Internacional e o E. C. Bahia[520]. Além disso, o coletivo também aderiu a campanhas e mobilizações realizadas junto a outros coletivos palmeirenses, como a ação "Não matem o tobogã", organizada diante da ameaça de demolição do setor mais popular do Estádio Municipal do Pacaembu, e que, após a privatização da praça desportiva, foi efetivamente destruído[521].

---

[518] Alguns dos membros iniciais do coletivo Ocupa Palestra já integravam o coletivo Futebol, Mídia e Democracia (FMD), cuja composição pluriclubista busca discutir e produzir intervenções políticas a respeito do futebol. Anteriormente, o FMD já criara e difundira a campanha "Jogo 10 da noite, não", cujos frutos vieram a se revelar posteriormente, com a alteração dos horários dos jogos em dias úteis. Informações sobre o FMD foram concedidas em relatos de seu ex-integrante Felipe Bianchi, em entrevista realizada em 7 jun. 2022. Para saber mais sobre a atuação do coletivo Futebol, Mídia e Democracia ver Simões, *op. cit.*, p. 253–254.

[519] Sobre as atividades da FNFP (Frente Nacional Pelo Futebol Popular), vide página disponível na rede social Twitter. Disponível em: twitter.com/frentefutpopu1 (acesso em 17 jun. 2022).

[520] Ver nota do Ocupa Palestra referenciando os projetos implementados por E. C. Bahia e S. C. Internacional em sua página na rede social Instagram. Disponível em: www.instagram.com/p/BjZstleHvTc/ (acesso em 17 jun. 2022).

[521] Embora não constasse como parte tombada do estádio, sua demolição foi considerada por grupos vinculados à pauta futebolística como um atentado à cultura torcedora paulistana. Ver: Flavio de Campos; Simone Scifone. O complexo do Pacaembu é (e deveria continuar a ser) de todos. *Nexo*, 16 abr. 2019. Disponível em: www.nexojornal.com.br/ensaio/2019/

Colagem de lambes realizada pelo coletivo Ocupa Palestra em 2018 no entorno do estádio e clube social da S.E. Palmeiras (Ocupa Palestra. Reprodução/Instagram).

Em 2019, a campanha "Vitalícios, não" foi lançada pelo coletivo diante da proposta do aumento do número de membros vitalícios no Conselho Deliberativo do Palmeiras. Para Felipe Giocondo, conselheiro do clube e integrante do Ocupa Palestra, essa se tornou uma das mais importantes do coletivo[522], debruçando-se diretamente sobre a política institucional da agremiação: a despeito de sua formação plural e fortemente ancorada no elemento torcedor, o coletivo Ocupa Palestra foi progressivamente consolidando sua atuação na política interna palmeirense, o que já se vislumbrava como uma direção importante a ser tomada, especialmente quando posta em perspectiva sobre o panorama dos demais coletivos que atuam na torcida palmeirense.

O-complexo-do-Pacaembu-%C3%A9-e-deveria-continuar-a-ser-de-todos (acesso em 17 jun. 2022).

[522] Entrevista com Felipe Giocondo, realizada em 15 jun. 2022.

A respeito de tal orientação, Anna Olímpia comenta a importância de uma reunião realizada nos primeiros meses do coletivo, junto a integrantes do movimento O Povo do Clube, que atua na política do Sport Club Internacional, de Porto Alegre[523]. Na ocasião, conforme rememorado pela torcedora,

> Um integrante lá do Povo do Clube chamou a gente para conversar e deu a dica logo de cara: a mudança você faz dentro do clube. Fora é importante, para ter apoio, mas mudança tem que fazer dentro do clube. Daí ele contou a história deles, que começaram pequeno, foram crescendo... e já deu a letra. Foi isso que coloquei na minha cabeça: os conselheiros têm que estar junto[524]

Simultaneamente, a composição plural fortemente ancorada na torcida é vista pelo conselheiro Felipe Giocondo como um diferencial valioso do coletivo. Em suas palavras,

> A importância da atuação do Ocupa Palestra na política institucional do Palmeiras é muito maior do que a gente pensa, mas ainda menor do que poderia ser. As pessoas de dentro do clube não estão acostumadas a ver movimentos que vêm de fora, então quando o Ocupa se posiciona, cria um ruído, de certa forma, e isso chama bastante atenção. Então é legal por esse ponto, ele acaba tendo uma influência, e as pessoas conhecem e entendem[525].

Dessa combinação entre esferas supostamente separadas – clube social e torcida –, a atuação do Ocupa Palestra se singulariza e obtém possibilidades de trânsito nos dois ambientes. Na perspectiva

---

[523] Sobre o Povo do Clube, ver Simões, *op. cit.*, p. 297-306.
[524] Relato concedido por Anna Olímpia em entrevista realizada em 1º jun. 2022.
[525] Relato concedido por Felipe Giocondo em entrevista realizada em 15 jun. 2022.

daqueles/as que integram o coletivo, isso fortalece sua atuação, visto que oxigena os debates internos do clube com perspectivas próprias do ambiente torcedor, ao mesmo tempo que há mobilização em prol do acesso e envolvimento de torcedores/as para com as questões da política interna palmeirense. Desse modo, as linhas de atuação do coletivo constituem uma luta, na prática, por efetiva democratização da política clubística.

É notável que parte dessa perspectiva também derive do capital político acumulado na trajetória de seus integrantes. Os conselheiros Felipe Giocondo e Luiz Moncau, por exemplo, já haviam atuado anteriormente como importantes articuladores das mobilizações pelas Diretas Já no Palmeiras[526], que resultaram vitoriosas ao garantir o direito de voto aos sócios, efetivado a partir da eleição para presidente do clube em 2014[527].

Simultaneamente, o engajamento do Ocupa Palestra no cotidiano político da agremiação estabelece uma notável clareza entre seus integrantes sobre a importância da persistência, naquilo que Wanderlei Laurino define como "um trabalho de formiga"[528]. Conforme rememorado por Anna Olímpia,

---

[526] Publicações sobre as mobilizações em suas diferentes etapas estão na página da Diretas Já no Palmeiras, na rede social Facebook. Disponível em: pt-br.facebook.com/diretas.palmeiras/ (acesso em 17 jun. 2022).
[527] Ver "Eleição no Palmeiras terá só dois candidatos. Agora é com os sócios". UOL, 13 out. 2014. Disponível em: www.uol.com.br/esporte/futebol/ultimas-noticias/2014/10/13/eleicao-no-palmeiras-tera-so-dois-candidatos-agora-e-com-os-socios.htm (acesso em 17 jun. 2022).
[528] Relato concedido por Wanderlei Laurino em entrevista realizada em 25 mai. 2022.

Eu lembro de conversar com o Belluzzo[529] e ele dizer: o que vocês querem fazer é muito bonito, mas vocês têm que ter resiliência, vai ser difícil. Mas é um caminho para ser traçado. E a gente estava muito empolgado, até com a ideia das Diretas, que tinha dado certo[530].

Felipe Giocondo, entretanto, não tem dúvidas ao afirmar que

> O Ocupa hoje é o ator mais importante do processo de democratização do clube. Não há grupo estruturado dentro do conselho com uma visão de aumentar a democracia no Palmeiras. Existem indivíduos, mas não como grupo. Então posso dizer que hoje tranquilamente o Ocupa é o único grupo político no Palmeiras, em algum nível, que luta por processos mais democráticos. É o único que tem isso na essência, como *ethos*[531].

O refinamento em relação à participação na esfera política institucional do Palmeiras, reforçado a partir da atuação dos conselheiros que integram o coletivo e o entendem como uma voz independente, tem obtido vitórias, tais como a volta da publicação dos balancetes mensais do clube em fins de 2020 pelo presidente

---

[529] Luiz Gonzaga Belluzzo, economista e ex-presidente da Sociedade Esportiva Palmeiras, chegou a participar de atividades organizadas pelo coletivo Ocupa Palestra, como o evento "Palmeiras para quem? roda de conversa para um Palmeiras mais popular dentro e fora do estádio", realizada em 10 de agosto de 2018 na Livraria Tapera Taperá. Sobre a atividade, ver o vídeo da transmissão ao vivo realizada pela editora, disponível em sua página na rede social Facebook. Disponível em: ms-my.facebook.com/taperataperah/videos/come%C3%A7a-agora-o-debate-palmeiras-para-quem-aqui-na-tapera-taper%C3%A1/965326060325042/ (acesso em 17 jun. 2022).
[530] Relato concedido por Anna Olímpia em entrevista realizada em 1º jun. 2022.
[531] Relato concedido por Felipe Giocondo em entrevista realizada em 15 jun. 2022.

Maurício Galiotte. Na compreensão de Felipe Giocondo, a decisão veio "graças à insistência que o Ocupa deu no tema, com *press release* na imprensa, batendo muito, exigindo"[532]. Para Anna Olímpia, isso configura aspecto essencial na atuação do coletivo: em suas palavras, "se você faz uma boa oposição, você faz barulho, e quem tá na situação tem que responder, tem que se justificar. Então a gente quer que os movimentos deles sejam mais difíceis"[533].

Simultaneamente, ações como essa configuram aquilo que Felipe Giocondo entende como uma das mais importantes linhas de ação do coletivo na atualidade: a "batalha pela transparência", compreendida como via para radicalização da experiência democrática nas esferas institucionais do clube. Nesse sentido, Giocondo destaca a atuação do coletivo:

> A gente fez uma nota no Dia da Democracia [15 de setembro] e divulgou para todos os conselheiros do clube, em nome do Ocupa. E foi muito legal, porque deu uma visibilidade bacana para o grupo, e foi muito bem aceita pelos termos que ela trazia.

De tal modo, o Ocupa Palestra procura avançar na construção de uma cultura democrática dentro da instituição clubística palmeirense, extrapolando as palavras de ordem que mobilizam e vocalizam desejos provenientes dos ambientes torcedores, e visando a construção de estruturas progressivamente mais democráticas na relação do clube com seus sócios/as e torcedores/as. Essa é, na concepção de seus componentes, a tarefa própria do coletivo para contribuir com a construção democrática que, conforme apresentado no capítulo anterior, configura o multifacetado horizonte compartilhado pela atuação de diversos coletivos. Nas palavras de Anna Olímpia,

---

[532] *Idem.*

[533] Relato concedido por Anna Olímpia em entrevista realizada em 1º jun. 2022.

Hoje o lema que eu gosto do Ocupa é "Palmeiras de todos". E isso em vários sentidos: todos têm que fazer o Palmeiras; "todos" no sentido de ações afirmativas; mas também nosso foco, como movimento, na democracia. Se somos um Palmeiras de todos e quem faz o Palmeiras são os palmeirenses, esse lema é pela ampliação da democracia do Palmeiras. A transformação de um Palmeiras realmente de todos virá por aí. Acho que esse é nosso intuito como grupo[534].

Conforme discutido no capítulo anterior, a máxima em questão – a ideia de um "Palmeiras de todos" – é proclamada por diversos grupos, tanto na esfera dos coletivos formados por torcedores/as militantes, quanto no âmbito da própria estrutura institucional do clube. As críticas e reivindicações formuladas desde os ambientes torcedores buscam pressionar as diretorias palmeirenses a realizarem de forma efetiva a promessa democrática dessa máxima, em sentidos múltiplos: na inclusão e afirmação das diversidades, na acessibilidade econômica dos ingressos e produtos do clube, na participação direta e efetiva dos palmeirenses na tomada de decisão sobre os rumos da agremiação.

Ao longo de nosso percurso junto aos diversos grupos de ação política torcedora, notamos que a combinação dessas vozes concebe um campo comum de reivindicações democráticas. Assim, se a ampla variedade de agentes implicados na pauta do "Palmeiras de todos" parece relacionar-se diretamente à polissemia de sentidos atrelados a seu uso e referência, simultaneamente o conjunto das pautas parece se unificar nesse campo comum. Essa possível unidade, entretanto, jamais se fecha por completo: a multiplicidade dos sentidos atribuídos à ideia de um "Palmeiras de todos", que por vezes se esbarram em tensão, também produz disputas sobre seu sentido e sua construção prática. Daí as reivindicações conti-

---

[534] Relato concedido por Anna Olímpia em entrevista realizada em 1º jun. 2022.

nuamente exercidas pelos diversos agentes torcedores. Afinal de contas, "todos" é muita gente.

No conjunto de grupos torcedores politizados, o Ocupa Palestra é aquele que parece tematizar e nomear a questão da "democracia" de forma mais explícita, sobretudo ao se debruçar sobre a arena de sua evocação mais corrente: a dos fóruns representativos que produzem decisões e tomada de ações. No caso da esfera clubística em questão, esses fóruns se expressam nos espaços da política institucional – sobretudo o Conselho Deliberativo –, nos quais o coletivo acredita que se concentram os caminhos para produzir de modo efetivo as mudanças que defende. Por essa razão se dedica, conforme proposto pela própria alcunha do grupo, a ocupá-los.

Sua atuação, entretanto, recai sobre um dos múltiplos sentidos das lutas democráticas que procuramos delinear, ainda que com brevidade, no decorrer dos últimos capítulos. E de tal forma, não se pode dissociar desse amplo mosaico: pois, conforme enunciado e percebido por seus próprios integrantes, a particularidade do Ocupa Palestra em relação ao ambiente institucional do clube reside em sua interlocução com outras vozes torcedoras externas a esse ambiente. Nas palavras de Felipe Giocondo, "um elo importante para trazer as pessoas de fora que se interessam por política, mas que não necessariamente são sócios do clube, e querem de alguma forma exercer influência"[535], constituindo, nesse sentido, um exercício democrático em sua própria forma de atuação.

---

[535] Relato concedido por Felipe Giocondo em entrevista realizada em 15 jun. 2022.

CONSIDERAÇÕES FINAIS

Por um Palmeiras de todas e todos

Ao longo das páginas anteriores, nos propusemos a mapear expressões múltiplas dos atravessamentos democráticos na trajetória da Sociedade Esportiva Palmeiras. Em nosso percurso – enriquecido por relatos concedidos pelos/as protagonistas das ações políticas descritas – nos deparamos com uma conjunção de vozes e agentes em movimento, que transformam a própria experiência torcedora ao transcender a demarcação temporal do jogo com seus noventa minutos: uma existência que desloca o futebol de sua condição heterotópica para afirmá-lo enquanto elemento continuamente constitutivo da atuação política no cotidiano.

Sem qualquer objetivo de síntese ou demarcação limitante das experiências político-torcedoras contempladas neste livro – com as quais nos vinculamos e por cujas práticas também somos atravessados –, nos interessamos sobremaneira por sua abertura de possibilidades para a imaginação democrática e o exercício material de sua elaboração. Partindo de concepções sobre o campo político enquanto "território de experimentos" [536], vislumbramos sua conexão com a multiplicidade de frentes que, no presente, têm afirmado a defesa de valores democráticos: ao lado das arenas mais convencionais de nosso rito político (as grandes manifestações de rua, os movimentos sociais e os domínios da política partidária eleitoral), essas iniciativas também manifestam a convocatória pela disputa de outros campos, próprios das esferas cotidianas do convívio e caracterizados pela construção coletiva.

---

[536] Pierre Rosanvallon. *Por uma história do político*. Trad. Christian Edward Cyrill Lynch. São Paulo: Alameda, 2010, p. 61.

Nesses ambientes, que habitamos e investimos de afeto, o exercício democrático radicaliza nossas possibilidades de aprender a viver junto afirmando as diferenças.

Durante a escrita deste livro, nos deparamos com práticas que, em sentido similar, experimentam as possibilidades do político através de vínculos constituídos na esfera cotidiana torcedora. Sua realização é atravessada pela interlocução de demandas do presente com reverberações da trajetória política da S. E. Palmeiras, continuamente conjuradas na elaboração dos imaginários de identidade clubística: por essa razão, a digressão histórica realizada na primeira parte do livro procurou destacar os enredamentos entre o ambiente futebolístico (no nível clubístico, esportivo e torcedor) e a esfera sociopolítica, pouco discutidos pelas versões oficiais e institucionalizadas das histórias clubísticas, cujo foco frequentemente dirige-se à produção de narrativas lineares sobre as glórias e consagrações esportivas. Simultaneamente, nosso exercício historiográfico procurou distanciar-se de qualquer intuito celebratório que, desprovendo de tensões a trajetória política da agremiação, forjasse mitologias de origem para justificar a defesa de valores democráticos no presente: opção metodológica que não nos impediu, entretanto, de cruzar com a memória e os vestígios de militantes anarquistas, socialistas e antifascistas palestrinos, tampouco com experiências de construção autônoma e democrática elaboradas por sócios/as, torcedores/as e atletas do clube.

Na segunda parte do livro, por sua vez, convocamos as lutas do presente à composição de um mosaico que vocalizasse a polissemia dessas expressões bem como dos próprios sentidos que constroem sobre a noção de democracia: nos encontramos com torcedores/as que se unem para ocupar arenas convencionais do rito político, palmeirenses que realizam práticas de apoio mútuo e ação direta junto a outras agrupações e movimentos sociais e coletivos que se organizam em torno do reconhecimento (de classe, raça e gênero), continuamente propondo enredamentos entre suas diversas esferas de atuação. No caso específico das mobilizações torcedoras discutidas no último capítulo, por fim, vislumbramos a disposição a uma disputa da construção contínua de seu próprio comum – o clube – através de ações voltadas à esfera interna e institucional. Palmeirenses que, vivendo diariamente a experiência de serem torcedores, desejam aprofundar o processo de democratização da própria agremiação demandando práticas nesse sentido, e por si próprios, exprimindo a potência de seu desejo na organização de ações voltadas a esse horizonte.

À medida que nos embrenhamos no panorama dessas práticas e experiências, identificamos que a demanda por um "Palmeiras de todas e todos" é o principal receptáculo das propostas de aprofundamento democrático: sua reivindicação pelos coletivos e diversas entidades torcedoras (incluindo as torcidas organizadas) tensionam seu uso pelas peças de comunicação institucional do clube, evidenciando que sua construção é inconclusa e segue solicitando esforços. Ainda que se apresente como ideia-força que inspira o movimento em si, a atuação em prol de um "Palmeiras de todas e todos" não perde de vista seus contornos concretos, expressando-se na prática dos coletivos sobre as questões que incidem no cotidiano futebolístico, e confirmando a importância da radicalização da democratização das próprias instâncias de tomadas de decisão internas à agremiação.

Diante dessa contínua disposição à ação prática, concluímos o presente livro mirando também os possíveis desafios do porvir. Como podemos nos preparar para encarar novos elementos, tais como a apressada transformação dos clubes em sociedades anônimas[537] que atualmente circunda o cenário futebolístico nacional?

---

[537] A lei 14.193 de 6 de agosto de 2021 estabeleceu regulamentação para a conversão de associações esportivas em SAFS (Sociedades Anônimas do Futebol). Desde então, essa nova possibilidade jurídica já foi implementada, de diferentes maneiras, por agremiações como o Cruzeiro Esporte Clube, o Botafogo de Futebol e Regatas e o Club de

Com as fragilidades de tais modelos, especialmente no que concerne à particularidade das relações torcedoras e sua controversa capitalização[538], que respostas democráticas podem se esboçar da sua eventual manifestação no terreno clubístico palmeirense? É fundamental que, frente a questões com essas, o "Palmeiras de todas e todos" expresse sua cautela acerca das apressadas e pretensiosas receitas oferecidas pela "empresarização", norteando as atividades da agremiação de modo que a saúde financeira possa se manter vigente e balanceada, mas sem que seja necessária a adesão de visões meramente mercantis sobre relações torcedoras fundamentalmente organizadas em torno do afeto, do vínculo e da identificação.

Com o presente trabalho, procuramos contribuir com este exercício coletivo, multifacetado e pulsante. Que no fazer-se contínuo da coletividade palmeirense se produzam cada vez mais espaços de elaboração democrática, manuseando as possibilidades dos imaginários de pertencimento sem reduzir-se aos essencialismos vagos. Por um Palmeiras de todas e todos, reafirmamos nosso compromisso em defesa de sua pulsão desde a multiplicidade torcedora. E que entre as fileiras de nossas arquibancadas se expanda a afirmação das diferenças, sem espaço para exclusões, discriminações e autoritarismos.

Regatas Vasco da Gama. Ver: "A lei da SAF: vantagens sublinhadas, mas muito a analisar". *Trivela*, 8 abr. 2022. Disponível em: trivela.com.br/brasil/a-lei-da-saf-vantagens-sublinhadas-mas-muito-a-analisar/ (acesso em 4 jul. 2022).

[538] Vide a compilação de relatos e reflexões formuladas por pesquisadores e movimentos de torcedores, reunidas em Irlan Simões (Org.). *Clube empresa*: abordagens críticas globais às sociedades anônimas no futebol. Rio de Janeiro: Corner, 2020.

APÊNDICE

Entrevistas e relatos:

Agnaldo Andriollo (Magui)

Agnaldo Andriollo, conhecido entre os torcedores palmeirenses como "Magui", é fundador da extinta torcida organizada Anarquia Verde, que reunia jovens *punks* palmeirenses e manteve atividades entre 1987 e os primeiros anos da década de 1990. Sua trajetória é marcada pela proximidade com o movimento *punk* e com a militância de esquerda. Atualmente integra o Conselho Tutelar, em seu quarto mandato consecutivo, eleito para o cargo pela comunidade da região de Santana e Tucuruvi.

Anna Olímpia (Anninha)

Anna Olímpia, conhecida entre os torcedores palmeirenses como "Anninha", é economista e torcedora palmeirense. Participou da fundação do Ocupa Palestra, coletivo do qual faz parte até hoje. Ao longo de sua trajetória, colaborou na elaboração e realização de ações vinculadas às campanhas "Libera a rua", "Ingresso caro, não" e "Vitalícios não", além de compor a coordenação do coletivo.

Coletivo Palmeiras Antifascista

O coletivo Palmeiras Antifascista foi criado em 21 de abril de 2014, após um embate entre alguns de seus membros fundadores e um torcedor palmeirense que vestia uma jaqueta referenciando um grupo *ultra*neofascista italiano, ocorrido nas arquibancadas do Estádio do Pacaembu. Desde então, o coletivo se destaca pela ampla realização de ações diversas de combate ao fascismo e diversas formas de opressão, como o racismo, o sexismo e a xenofobia. Os relatos de seus integrantes foram concedidos de forma anônima em entrevistas, e há uma descrição detalhada de suas ações e trajetória no capítulo 5.

Coletivo Palmeiras Livre

Palmeiras Livre é o primeiro coletivo político de torcedores palmeirenses, fundado em 12 de abril de 2013 como página da rede social Facebook. Sua atuação concentra-se nas pautas de gênero, além do combate ao racismo e toda forma de sexismo. Os relatos de seus integrantes foram concedidos de forma anônima em entrevistas, e há uma descrição detalhada de suas ações e trajetória no capítulo 5.

Coletivo PorcoÍris

O coletivo PorcoÍris foi formado em 2019 com o intuito de representar as pautas LGBTQIA+ no campo futebolístico, particularmente em relação à torcida palmeirense. Os relatos de seus integrantes foram concedidos de forma anônima em entrevistas, e há uma descrição detalhada de suas ações e trajetória no capítulo 5.

Coletivo Porcomunas

O Coletivo Porcomunas foi criado em 2016, e desde então caracteriza-se por ações de destaque em diversos ambientes torcedores e políticos, com participação em manifestações, organização e realização de ações diretas, além de uma atuação cada vez mais articulada com os demais coletivos políticos formados por torcedores palmeirenses. Os relatos de seus integrantes foram concedidos de forma anônima em entrevistas (salvo quando indicado), e há uma descrição detalhada de suas ações e trajetória no capítulo 5.

Lucas Daiki

Lucas Daiki é palmeirense. Fez parte de torcida e participou da construção de diversos coletivos, bem como da articulação e mobilização de ações conjuntas realizadas por eles. Foi um dos organizadores do evento "Do Palmeiras faremos Palmares", realizado em 19 de novembro de 2021 na quadra da TUP (Torcida Uniformizada do Palmeiras).

Felipe Bianchi

Felipe Bianchi é jornalista e integra o Centro de Estudos de Mídia Alternativa Barão de Itararé. Palmeirense, foi membro de torcida e de diversos coletivos, além de participar da construção de mobilizações, campanhas e movimentos relacionados ao campo futebolístico, como o coletivo FMD (Futebol, Mídia e Democracia). Atualmente integra o coletivo Porcomunas.

Felipe Giocondo

Felipe Giocondo é conselheiro da Sociedade Esportiva Palmeiras desde 2017. Enquanto torcedor, foi um dos idealizadores e organizadores da Procissão a São Marcos, realizada em 2012 em homenagem ao ex-goleiro. Na condição de sócio do clube, foi o principal responsável pela reestruturação do programa Avanti de sócio-torcedor (em 2013) e colaborou na comissão do Centenário do Palmeiras, participando da organização de festividades. Também participou do movimento pelas Diretas Já na SEP, organizando ações junto a grupos de torcida, e como conselheiro apresentou diversos requerimentos que buscam transparência nas ações do clube, além de defender a redução dos vitalícios e propor mecanismos que evitem conflitos de interesse. Integra o coletivo Ocupa Palestra desde sua fundação, em fins de 2017.

Fernando Razzo Galuppo

Fernando Galuppo é jornalista e pesquisador da história da Sociedade Esportiva Palmeiras, e tem diversos livros publicados sobre esse tema. Foi um dos coordenadores da revitalização da

Sala de Troféus da Sociedade Esportiva Palmeiras e idealizador do conceito histórico do Allianz Experience (*tour* guiado da arena Allianz Parque) e da Academia Store, loja oficial de produtos da Sociedade Esportiva Palmeiras.

Marcos Gama

Marcos Gama é jornalista, aposentado, e atuou como delegado da Polícia Civil, professor de Relações Humanas na Academia de Polícia e diretor da Associação dos Delegados de Polícia do Estado de São Paulo. Ativista político desde sua juventude (durante o período do regime militar), é um dos fundadores do Coletivo Porcomunas. Autor dos livros *Nação inversa* (Mania de Livro, 1994), *Vila Buarque* (Alameda, 2017) e *Picadinhos da vida* (Alameda, 2021). Atualmente também integra o Conselho Deliberativo da Sociedade Esportiva Palmeiras.

Movimento Palestra Sinistro

O Movimento Palestra Sinistro foi criado no contexto das manifestações contra o governo de Jair Bolsonaro e em defesa da democracia, ocorridas nos meses de maio e junho de 2020. Desde então, caracteriza-se por uma atuação em diversos espaços políticos e torcedores, articulada com outros coletivos palmeirenses. Os relatos de seus integrantes foram concedidos de forma anônima em entrevistas (salvo quando indicado), e há uma descrição detalhada de suas ações e trajetória no capítulo 5.

VerDonnas – Movimento Feminino de Torcida

As VerDonnas são um grupo formado em 2018, a partir de uma necessidade prática de torcedoras palmeirenses que passaram a se organizar conjuntamente para frequentar jogos com tranquilidade. Desde então, o coletivo realiza ações que buscam fortalecer a presença feminina nos estádios bem como o apoio ao futebol fe-